Über die Autorin:
amaryllis26 arbeitet an einer deutschen Hochschule und hat die Liebe ihres Lebens im Internet gefunden. In eben dieser Datinghölle, in der man so ausführlich darüber lästern kann, wie dämlich sich die anderen anstellen. Dann dachte sie sich: Ist das nicht ein Thema für ein Buch?

AMARYLLIS26

LUST AUF FIKKEN?

Aus den Abgründen
des Internetdatings

Besuchen Sie uns im Internet:
www.knaur.de

Originalausgabe September 2014
Knaur Taschenbuch
© 2014 Knaur Taschenbuch
Ein Unternehmen der Droemerschen Verlagsanstalt
Th. Knaur Nachf. GmbH & Co. KG, München
Redaktion: Mareike Fallwickl
Umschlaggestaltung: ZERO Werbeagentur, München
Umschlagabbildung: FinePic®, München
Satz: Daniela Schulz, Puchheim
Druck und Bindung: GGP Media GmbH, Pößneck
ISBN 978-3-426-78682-6

2   4   5   3

Inhalt

EINLEITUNG:
Draussen nur Männchen

Was habe ich eigentlich gesucht? Ich war mir gar nicht so sicher. Einen albernen Flirt. Überirdischen Sex. Einen Seelenverwandten. Die Liebe meines Lebens. Am besten alles in einer Person. Und da es irgendwie an der Uni, bei Alnatura, beim Jamie-Cullum-Konzert oder im Bus nie gefunkt hatte und alle Freundinnen auf mich einredeten, das mache süchtig und die Männer im Internet seien überhaupt viel besser als ihr Ruf, hab ich mich angemeldet. Bei so einem Forum. Ich sag jetzt nicht, bei welchem. Und was mir dort begegnete, waren seltsame Wesen. Männer können es nicht gewesen sein.

Sie nannten sich *hacki1967, badeschlumpfHH, NurEineMinute, Obstnase* oder *Hasenchart.* Auf ihrem Foto waren sie mit ihrem Motorrad, ihrem Hund oder ihrem Pferd abgebildet, die jeweils deutlich besser aussahen als der Mann daneben. In ihrem Profil schrieben sie über sich: »Ich kann gut zuhören. Was aber nicht heißt, dass ich immer Lust dazu habe.« Oder: »Du solltest schon attraktiv sein. Das Auge isst mit.« Und sie begannen ihre heißen Flirts mit dem Satz: »Ich lass mal n lieben Gruß da.« Oder auch: »bok auf chatten? ;) lg bernd«.

Es gibt Ratgeber dazu. Anscheinend hat sie keiner gelesen. Jedenfalls kein Mann. Selbst als ich meinen Profiltext auf das Wort »Hi« reduzierte, antwortete einer:

»dein profiltext hat mich bezaubert … vielleicht mal treffen? ich hoffe, es war dir angenehm, dass ich dir geschrieben habe … glg«

Wie oft hat *wurzelhopser* diesen Text versandt? Und mit wie vielen Frauen ist er danach in der Kiste gelandet?

Ich fing an zu chatten. Und das war das Ende. Die Männchen am anderen Ende des Internets präsentierten sich wahlweise als fröhliche Kegelkumpel, unverkäufliche Ladenhüter oder nette Langweiler. Sie versuchten es mit Drängeln, mit unkomischen Witzchen, endlosem Labern oder peinlicher Unterwürfigkeit.

Dann passierte es. Ich fand, wonach ich gesucht hatte: Den albernen Flirt. Den überirdischen Sex. Den Seelenverwandten. Und die Liebe meines Lebens. In einer Person. In einem Datingforum. Es machte Spaß, und es war nicht mal schwierig. Wenn es so leicht ging, dachte ich, warum machen fast alle Männer in diesen Foren fast alles falsch?

So kam ich auf die Idee für dieses Buch. Ich habe nichts erfunden, nichts hinzugefügt oder verändert. Wozu auch! Die Realität in deutschen Flirtforen ist besser als alles, was ich mir hätte ausdenken können. Ich bin für dieses Buch auf eine lange Reise gegangen. Mit wissenschaftlicher Akribie habe ich Alter, Stadt und Datingforum gewechselt, und bald schon konnte ich die verschiedenen Typen des Flirtversagers am Profilnamen erkennen: Das Haustier. Den Komplexbeladenen. Den Sportidioten. Den Pseudorebellen. Und den Wollmützenträger. Allesamt saukomisch. Nur leider unfreiwillig.

Schnell verlor ich alle Hemmungen. Ich besorgte mir die skurrilsten Perücken, Requisiten und Klamotten. Ich schlüpfte in die Rolle der strohdoofen Partynudel, der asexuellen Hausmutti und der dauergenervten Emanze. Ich präsentierte mich als depressive Luxusschnepfe, als durchgeknallte Esoterikerin und als dauerfernsehende Langweilerin. Und Schlimmeres. Ich wollte wissen, was Männer sich gefallen lassen. Antwort: Alles.

Also, was steht drin in diesem Buch? Wie Männer es schaffen,

Frauen schon mit ihrem Profil für immer abzuschrecken (Kapitel eins). Wie sie auf die unterschiedlichsten Lockvögel reagieren (Kapitel zwei). Welche Grundfehler sie leider immerzu beim Flirten machen (Kapitel drei). Auf welchen Irrtümern über Onlinedating diese Fehler beruhen (Kapitel vier). Was wir nie wieder in Singlebörsen lesen und sehen wollen (Kapitel fünf). Was das absolut Lustigste war, was mir begegnet ist (Kapitel sechs). Warum es eigentlich überhaupt nicht schwierig ist, es richtig zu machen (Kapitel sieben). Und womit ich mein schlechtes Gewissen als Lockvogel beruhigt habe (Kapitel acht).

Dieses Buch widme ich allen Frauen, die dasselbe Elend erlebt haben wie ich. Und die mal richtig darüber lachen wollen. Ich habe es aber auch für die Männer geschrieben. Die Intelligenteren unter euch werden schnell merken, dass man das Buch auch rückwärts lesen kann: als den besten Internetdating-Ratgeber der Welt. Und wenn ihr auch nur 30 Prozent richtig macht, seid ihr da draußen im Netz wie Mesut Özil auf einem Fußballturnier der Hamburger Grundschulen. Leicht im Vorteil.

1.

Haustier günstig abzugeben:
Das Elend der Profile

Ein Profil kann ein Kunstwerk sein. Mit einem magischen Fantasienamen, einem geheimnisvollen Porträtfoto und einem sexy Statement, das beim Lesen schon kribbelig macht … So etwas kommt in einem von tausend Fällen vor. Dass Männer im Chat einfallslos und rechtschreibschwach sind – geschenkt. Ihr Puls liegt bei 220, weil sie eine Sexgöttin am anderen Ende vermuten und hoffnungslos underfucked sind. Aber schlechte Profile? Die haben kein Mitleid verdient. Ich habe mir tagelang Gedanken gemacht über meinen Namen, mein Bild und mein Statement. Und *horst1988* glaubt, mit einem verwackelten iPhone-Foto und einem »hi, wollt mal gucken was hier so geht« seine Traumfrau finden zu können?

Küsse im Regen, nackt im Himmelbett liegen, rumalbern im Kino, Grillen an der Nordsee, Surfen auf Maui, Dinner im Louis C. Jacob, in der Löffelchenstellung einschlafen, Champagner in der Badewanne trinken, Nackenkraulen beim Tatort, alkoholisierter Samstagnachtsex, Händchenhalten beim Paper-Aeroplanes-Konzert, das alles ist LIEBE. Es ist sooo viel. Schnallt ihr das wirklich nicht? Und wenn doch, warum gebt ihr euch dann so verdammt wenig Mühe, hmm?

bin_kein_horst: Profilnamen

Kennt ihr T. Streckfus Persons, Alexej Maximowitsch Peschkow und Fingal O'Flaherty Wills? Nein? Doch, die kennt ihr. Hundertprozentig. Lauter weltberühmte Schriftsteller. Nur nannten sie sich, um etwas mehr Eindruck zu schinden, Truman Capote, Maxim Gorki und Oscar Wilde.

Sich einen Namen zu geben, hat etwas Magisches. Vor allem, wenn man als Hans Schulz geboren wurde. Die Chance auf einen neuen Namen haben nur sehr wenige Menschen: Geheimagenten, Künstler und Internetdater. Warum nennen sich dann 50 Prozent von ihnen *andreas67?* Übrigens auch dann, wenn sie nur 45 Jahre alt sind.

Es gibt eine Grundregel in Flirtportalen: Ihr Männer schreibt uns Frauen an. Und wir klicken uns dann abends durch die Zuschriften. Bei einem attraktiven Profil kommen locker 30 am Tag zusammen. Wir klicken nicht das Profil an, wir betrachten erst mal nur die Zuschrift: Name, Foto, Anschreiben. Der Name ist also extrem wichtig. Mit dem könnt ihr Punkte sammeln. Glauben *fleischmuetze, borstilein, Speckbulette* und *bierbauchwilli* ernsthaft, mit diesen Namen in die Pole-Position zu kommen? (Hier gilt wieder wie im ganzen Buch: Ich übertreibe nicht, ich denke mir nichts aus. Die Realität schlägt jede Fantasie.)

Einige Männer wissen, wie es geht. Sie ziehen es erotisch auf *(Zauberhaende, deepkisses)* oder romantisch *(Weltumarmer, NachtamMeer).* Sie bringen uns zum Lachen *(makemisteaks, binnieda, JamesBlond)* oder lullen uns in ein puscheliges Gemütlichkeitsgefühl ein *(Capuccino-im-Bett, Sinnicheliebe).* Sie beeindrucken uns durch Bildung *(Lesfleurdumal)* oder Intellekt *(Käptn_Subtext).* Andere dagegen ersticken jede Erotik im Keim. Und nennen sich *Jurzen* oder *Pupasch.*

Leider treten schlimme Nicks nicht zufällig auf, sondern gesetzmäßig. Anscheinend haben 95 % der Männer beschlossen, entweder als albernes Tier aufzutreten *(Hupfdohle65)*, als kulinarische Spezialität *(wurstsemmel24)*, als unverkäuflicher Ladenhüter *(enttäuscht63)*, als misslungenes Wortspiel *(MajorNaise)*, als Selbstreimer *(Moptiopti)*, als schmierige Anspielung *(butterfinger)*, als deutsch-englische Wortkarambolage *(sanfterdreamer)*, als Fehlassoziation *(NurEineMinute)* oder als Rechtschreibfehler *(götterspeise)*. Was reimt sich darauf noch mal? Oder sie enthüllen freiwillig den Kosenamen, mit dem sie seit ihrer Kindheit gequält werden: *hacki, waldi, hansi, schwolli.* Und so weiter.

Aber sehen wir uns das mal der Reihe nach an.

Gib mir Tiernamen!

Männer fühlen sich offenbar unseren vierbeinigen Freunden stark verbunden. Verständlich! Viele Tiere verkörpern Kraft, Eleganz, Stärke und Mut: Löwe, Gepard, Wolf, Stier oder Adler. Diese Tiere gehören in der Flirtforenbiosphäre aber auf die Rote Liste der gefährdeten Arten. Eine erschreckende Überbevölkerung finden wir stattdessen bei Hase, Frosch und Bär.

Am häufigsten kommt der Hase vor: *Hasenbrot, hasenmann, hoppelhase, Hasenphote, hasenbock, Hasen-Hirn, Hase2013.* Warum ausgerechnet ein Wesen, das von Natur aus ängstlich ist, bei Gefahr weghoppelt und in einem irren Tempo rammelt? Soll das ein Traumpartner sein? Unseren Flirtkönigen kann es gar nicht hasig genug sein: *laschhase, Hase-Hasel, Hasepopase, hasenpuschel, Hasenhase.* Soll das sexy sein? Nein – es soll ungefährlich, niedlich und harmlos rüberkommen. Huhu, ich tu nix! Und da sind wir beim ersten riesigen

Missverständnis: Niedlich ist weder männlich noch sexy. Niedlich turnt ab.

Bären sind eigentlich gar nicht niedlich. Sondern groß, stark und ziemlich gefährlich. Jedes Jahr sterben in den Wäldern Kanadas viele Menschen durch Bärenpranken. Damit man daran aber auf keinen Fall denkt, nennen sich die Bärenmänner: *Knuddelbaer, Plueschbaer70, Schmusebaer73, michibär, Blaubaer, Bärchen4711, Waldbär, Waschbaerbauch1969, Gummibärchen, baerchi001.* Die Kombis können gar nicht absurd genug sein: *Bratbär, Wurstbaerchen, hauibaer, Musikbaerchen.* Tätschel tätschel. Dutzi Dutzi. Knuddel mich, ich bin ein Teddy!

Noch ein Favorit ist der Frosch. Starrer Blick, klebrige Schleuderzunge, Kuschelfaktor = zero? Nein – offenbar eine von uns Frauen bisher unterschätzte Spezies: *froschgurke, froschkuss, froschi, Plattfrosch, froschkaiser, Wetterfrosch7, thefrog75, froschgucker.* Mein persönlicher Liebling: *froschilein21* (41 Jahre alt). Die besonders extravaganten Männer entscheiden sich für Namen mit Kröte oder Lurch.

Schließlich gibt es die, die uns mit eigenartigen Hybridwesen beglücken: *Wurm100, goldfischli, knoblauchkröte, biboman, onlineaffe, Seeschwein, GeckoFL66, Alexhamster, koalakäfer, Blauekuh, hundpfote.* Würde man so in ein Vorstellungsgespräch gehen: Gestatten, Hundpfote? Würde man sich als Schriftsteller Giraffenohr nennen? Was geht in Männern vor, die sich so ihrer potenziellen Paarungspartnerin präsentieren?

Kosenamen

Wir lieben 1,90-Männer. Allerdings keine 1,90-Männer mit krummem Rücken, gesenktem Kopf und eingefallenen Schultern. Dann schon lieber Al Pacino. Der ist bloß 1,68 Meter groß, aber er hat diesen Blick. Und geht immer zu 100 % aufrecht. Wir lieben also große Männer, und manchmal auch kleine. Aber auf keinen Fall solche, die sich kleiner machen, als sie sind. Wie kommt es dann bitte zu diesen Nicks: *Forki, Schwolli, schnuppi, Dropsi, schnakki, hacki1967, Teddy1971, lumpi23, kalli46, scholli65, Waldi54, poldi1336, brummi1975, Hirschi1981, DerEggi, hansi2012* oder *Klempi1973*? Das ist schlimm! Aber es geht tatsächlich noch schlimmer: *Männlein, Knuffilein, ollilein, bikerlein, borstilein.* Oder auch in Kombination mit den Lieblingstieren: *Sensibär, froschilein* und *hasenpupsi.*

Beliebt sind auch die Nachsilbe -el (*Puckel, kuddel44, puschel869, schnuddel62*) und der Verweis auf eine belgische Comicfigur: *derschlumpf, Schlumpf82, BadeschlumpfHH, Wellenschlumpf, V-Schlumpf.* Es gibt alles, was irgendwie putzig und harmlos klingt: *PeterPurzel, Schnuppipappa, Ratzrübe, butscher33, Mullewutz33, Hansematz999, Heindaddel, liebjoerg, lieberbub2012, Frohsinn1307* und *netter-jens.*

WAS IST DA LOS? Seid ihr übergeschnappt? Pädophil? Oder haltet ihr uns für regrediert und infantil?

Und dann gibt es noch die gespaltenen Männer. Sie sind echte Männer und beginnen deshalb ihren Nick mit dem Wort Kampf. Dann aber fällt ihnen ein, dass Mutti immer gesagt hat: Nein, du darfst nicht hauen! Sie beherzigen diesen Rat und nennen sich folglich: *Kampfhoernchen, Kampfschaf, kampfpinguin, Kampfhase* oder *DerKampfzwerg.* Homers Ilias muss neu geschrieben werden. In der Hauptrolle: Achill, das Kampfhörnchen.

Lebensmittel

Liebe Frauen, möchtet ihr mit *Dosensuppe* chatten? Mit *Hackbraten, Obstnase, bierglas63, fruchtzwerg, Dinkelkorn* oder *Nudelesser?* Ich nicht. Passt irgendwie nicht. Stellt euch einen Mann vor, der mit euch schläft und gleichzeitig einen Hühnerschenkel isst. Erotikfaktor: gering. Niemand möchte gern beim Küssen angerülpst oder beim Sex angepupst werden. Vor dem Sex sollte man weder zu viel essen noch zu viel trinken. Und auf Datingportalen sollte man sich weder *Speckbulette* noch *mettwürstchen, Schinkenpeter, Kartoffelfred* oder *Wurstpraline* nennen. Auch nicht *Wurstbert, tomatenbusch, Gurkenhans, wurzelsepp* oder *Fleischmann.* Und erst recht nicht *Gurkelman, Bananepeter, kartoffelpüh* oder *SpeckTeddy.* Liebe geht nicht durch den Magen. Sondern durchs Gehirn. Und da sind wir auch schon bei der nächsten Kategorie:

Fehlassoziationen

Der Nickname *Klumpi* wirft viele Fragen auf. Leider sind alle denkbaren Antworten nicht so sexy: Klumpfuß. Misslungener Grießbrei. Etwas zu Klump schlagen. Klumpi, ganz ehrlich: Such dir einen neuen Nick. Aber bitte nicht *TooFast, NurEineMinute* oder *Schwuppdiwupp.* Ejaculatio praecox kann recht frustrierend sein. Es geht aber noch unglücklicher. Oder woran denken Sie bei *Kaeck* oder *72zacke? fingerwurm? Prinzdelle?* Oder *Grabulator22?*
Irgendetwas stimmt mit dem männlichen Gehirn nicht. Oder wieso nennen sich manche Männer freiwillig *Schnargl, Hundepullover, pupeini* oder *Ffffffff? Death?* Oder schlicht: *Nein?* Erinnert mich irgendwie an meinen dreijährigen Neffen.

Verneinungen

Und da sind wir in den Feinheiten der Wahrnehmungspsychologie. Denken Sie nicht an einen weißen Elefanten. Hallo, NICHT daran denken! Sehen Sie? Das Wort »nicht« nimmt das Gehirn nicht wahr. Das gilt übrigens auch für Sätze wie ICH BIN NICHT AGGRESSIV! *bin-kein-horst* ist daher nicht wirklich empfehlenswert. Irgendwie ist er wohl doch ein Horst. *Keineliebe, Nichtheiraten, come-undone, kein_Spaß, Keinjasager, wedermachonochsoftie:* Warum sagt ihr nicht einfach, wer ihr seid, was ihr wollt, was ihr sucht? Ich bin auch keine Banane (obwohl ich mir 60 % der DNA mit ihr teile). Deswegen nenne ich mich aber noch lange nicht *keine-banane26.*

Comedy-Terror

Es gibt eine männliche Eigenschaft, die über alle Kulturen und Epochen hinweg bei Frauen immer unter den Top Five rangiert: Humor. Ironie ist nämlich ein Zeichen von Intelligenz. Und die ist nicht ganz unwichtig. Der Mensch beherrscht die Erde nicht, weil er schnell laufen oder kräftig zubeißen kann oder besonders große Geschlechtsteile hat. Sondern weil er so klug ist. Deshalb ist es eigentlich eine gute Strategie, sich einen lustigen Profilnamen auszudenken, um dadurch die eigene Intelligenz zu unterstreichen. Es gibt dabei nur einen Haken: Lustige Männer sind ganz oben im Ranking. Unlustige sind darunter. Aber ganz, ganz unten sind die Pseudolustigen.

Wortspiele zum Beispiel können lustig sein: *PerryHotter* oder *JamesBlond.* Meist aber muss man nur stöhnen. Ganz leise. Und nicht aus Lust. Wir machen den Test: Welche der folgenden Profilnamen sind echt und welche habe ich mir ausgedacht?

RainerZufall, Pupeye, Nett-er, Chilledkröte, tomatenmarc, Hasenchart, windzig, speckolatius.

Na?

Klar: Sie sind alle echt. Und passen in das Kapitel Fehlassoziation: Pupen, Kröte, Hasenscharte, winzig, speckig – stellt man sich so seinen Traummann vor? Vielleicht. Vor allem, wenn alles zusammenkommt: eine winzige, speckige Kröte mit Hasenscharte, die unter starken Blähungen leidet. Und jetzt raus aus den Klamotten!

Noch schlimmer sind die aus unerfindlichen Gründen extrem beliebten Selbstreimer. Profilnamen wie *WurzelPurzel, Hans_Franz, hudelmudel* oder *MalleRalle.*

Zwar üben Selbstreimer im Prinzip eine große Faszination auf uns aus. Prime Time, Brain-Drain, Sexy Hexy, No-Go, ToyBoy, Jetset, Flower-Power oder Dream-Team haben es auf diese Weise ins Deutsche gebracht. Oder das hebräische Tohuwabohu.

Andererseits findet sich in jedem Vornamenbuch auf der ersten Seite der Hinweis, mit dem Nachnamen Pauke solle man auf den Vornamen Hauke lieber verzichten, weil man sonst wegen seelischer Grausamkeit vor den Internationalen Strafgerichtshof in Den Haag kommt. Merke: Selbstreimende Namen sind grundsätzlich nicht witzig, sondern albern. *AffeGiraffe, KunterBunter, matzehatze, Momtom, TaoDao, Hanny_Zwanni, Moptiopti, robytoby, HasePopase, fingerdinger.* Oder *HalliGalli98.* Ich wiederhole mich: Nicht komisch sein ist tausend Mal besser als komisch sein wollen, es aber nicht hinbekommen.

Sexuelle Anspielungen

Eigentlich eine gute Idee. Wenn wir keinen Sex wollten, wozu wären wir dann auf badoo, finya oder friendscout? Aber irgendwie misslingt es fast immer. Ein Bob-tail ist ein Stummelschwanz. Angeblich ist 78 % der Frauen die Größe egal. Aber ein gewisses Mindestmaß sollte auch nicht unterschritten werden. *Schlecker_2013, Zungenspiele, Butterfinger, banane, sektfreund, greec-fan, ReizvoSPIELE:* Klingt nicht wirklich reizvoll. Und immer wieder das Wort kuscheln: *Kuschelbär87, Kuscheldave, Kuscheln_, kuschelgern.* Glaubt ihr wirklich, Frauen wollen nur kuscheln? Und glaubt ihr, wir nehmen euch ab, dass ihr nur kuscheln wollt? Diese ganze Summe an Widersprüchen verdichtet sich im Nickname *Fummelkuscheln.* Genauso wie *Massagetraum,* der nur einen Vorwand zum Grabbeln sucht. Wozu denn bloß?

Ladenhüter

Der Name ist die Botschaft. Bisher hatten wir vier Botschaften:

1. Ich bin zu faul, mir einen interessanten Nick auszudenken *(tim87).*
2. Pflegeleichtes Haustier sucht nettes Frauchen. Macht keinen Dreck, wäscht sich selbst und trägt den Müll runter *(hasenohr1).*
3. Ich bin ungeheuer witzig *(Chilledkröte).*
4. Ich bin richtig hot *(Zungenkunst).*

Die fünfte Botschaft aber toppt alles: Unverkäuflicher Ladenhüter ist dankbar für jede Mülltonne. Erbarmt euch! Die nennen sich dann *Lastchance, Neverloshope, einsam52, unkissedfrog, NützJaNix, nobody67, einsamer-Bär, lonely-man, grooveless, einsam-in-dd, kissmeplease, leidersingel, ent-täuscht63.* Liebe Männer. Mal ganz grundsätzlich. Wir sind kein Spendenparlament. Und ihr nicht die 30 ärmsten Länder der Welt. Wenn ihr ein Schild EINSAM UND BEDÜRFTIG hochhaltet, denken wir nur: Aha. Der muss ja seeeeehr attraktiv sein! Ist euch mal aufgefallen, dass wir auch noch dem letzten Scheißkerl hinterherlaufen, der uns schon hundert Mal betrogen hat? Weil eben dieses Betrügen ja beweist, wie unwiderstehlich der Typ ist.

Kleiner Tipp: Wenn ihr seit Jahren nicht mit einer Frau geschlafen habt – schreibt es nicht in euer Profil. Erwähnt es nicht im Chat. Und zwängt diese Information um Gottes willen nicht in Euren Nick!

Denglisch

Botschaft Nummer sechs: Ich bin 'ne coole Sau. Was läge da näher als ein englischer Nick? Das ist verdammt cool. Dreamer zum Beispiel klingt viel beeindruckender als Träumer. Aber was tut man, wenn man sich auf Englisch Tagträumer nennen will, aber das Wort day nicht kennt? Man nennt sich *tagdreamer.* Das ist dann nicht mehr ganz so cool. Aber leider kein Einzelfall: *sanfterdreamer, HappyFisch80, dully-dirk, Powerlocke84, strangequark, TheCellist, Geisterghost.* Oder, verlockend düster: *darkmarkus.* Warum nicht gleich *dark-hansi?* Oder *darkknollibaer67?*

Knapp daneben

Die letzte Botschaft gefällt mir am besten: »Ich schnall nix. Und ich schnall nicht mal, dass ich nix schnall. Und was genau bedeutet Otrograpie?« Ohne weiteren Kommentar: *baumstam, schokoprins, lachmuscel, selenfinder, schlikrutscher, latzarus, maenchen, Rock-the-Nght, KäseundSchinke, Hasenphote, Dummkobv, crasyforyou.*
Ein einziger Buchstabe trennt euch vom Glück. Aber mal im Ernst – wie chattet ihr?

Mit Hund und Hundeblick: Profilfotos

So. Und jetzt vergesst alles, was ihr bis hierhin gelesen habt. Ja, ein guter Profilname ist wichtig. Wenn einer auf seinem Foto allerdings aussieht wie der deutsche Brad Pitt, kann er auch gerne *schnulli77* heißen, wir werden bloß denken: Wie süß!

Das Foto ist alles. Ihr braucht nur dieses eine Foto: geheimnisvoll, magisch, verführerisch. Wenn man einen tollen Roman liest, schaut man sich im Laufe des Lesens immer wieder das Schriftstellerfoto auf dem Umschlag an, und je länger man liest, umso sexier wird der Schriftsteller auf dem Foto. Genau das passiert im besten Fall beim Chatten. Bis man es kaum mehr erwarten kann, den Typen zu treffen.

Das Problem ist: Die meisten Männer haben dieses Foto nicht. Sie haben nur Fotos, auf denen sie im Urlaub vor einem Berg in albernen Funktionsklamotten zu sehen sind – im Schatten rechts unten – oder auf einer Party besoffen gegen eine Wand kotzen. Und was tun sie, wenn sie sich bei Datingcafé, singles.de oder flirt-fever anmelden? Sie nehmen genau dieses Foto.

Bei vielen ist es übrigens noch tragischer: Sie haben ein gutes Foto, glauben aber irrtümlich, eins sei nicht genug, und stellen noch drei weitere belanglose rein. Und dann noch das Besoffen-auf-Party-Foto. Wie oft habe ich mich hoffnungsfroh durch Fotogalerien geklickt, um diesen Frust zu erleben: Kurz vor Schluss kommt garantiert das schlimme Foto, das den Eindruck der vorherigen wieder zunichtemacht. *Ach, SO sieht der in Wirklichkeit aus!,* denken wir – und ziehen desillusioniert weiter. Wenn ihr also einen Bad-Hair-Day habt, verkatert seid oder gerade spontan 20 Kilo zugenommen habt – haltet es meinetwegen für die Nachwelt auf einem Foto fest. Aber ladet es um Gottes willen nicht in einem Datingforum hoch.

Auch modisch geht einiges. Na ja, genau genommen immer dasselbe: Entweder Jeans und Polo-Shirt (gähn), Kapuzenpulli und Wollmütze (einschlaf) oder Anzug. Aber kein cooler George-Clooney-Anzug, sondern das C&A-Modell, das vor Ausbildungsantritt zum Versicherungskaufmann angeschafft wurde. Moment, da hatte ich doch noch dieses Bewerbungsfoto … kann ich das nicht nehmen? Klar, das nehme ich! Treu, brav und verlässlich blicken diese Männer halbschräg in die Kamera. Sie sollten sich allerdings später nicht beschweren, wenn ihre Frau sie wie einen Angestellten behandelt.

Die Pseudo-Rebellen tragen Käppi und Sonnenbrille – und haben leider nicht begriffen, was Orlando Bloom und Jude Law unwiderstehlich macht: ihre Augen! Haben die Sonnenbrillenträger mal darüber nachgedacht? Und das Käppi lässt vermuten, dass sich darunter sehr wenig befindet. Wenig Haar. Und wenig Hirn.

Es gibt unzählige professionelle Fotografen in Deutschland und noch mal so viele Amateurfotografen. Sie kennen sich mit Licht aus, mit Perspektiven, Mimik und Gestik. Und sie kosten Geld, das stimmt. Wenn es um etwas so Nebensächliches wie die Frau fürs Leben geht, spart man das natürlich lieber. Aber was ist mit der guten Freundin oder der Schwester: Könnte man die nicht bitten, ein sexy Foto fürs Internetdating zu machen – umsonst? Nein, die Männer sind stur. Sie wissen, was rockt. Und bieten uns eine der folgenden Alternativen an:

Selbstporträt mit iPhone

Man mag gegen das iPhone manches einzuwenden haben, aber es hat eine verdammt gute Kamera. Allerdings sollte man sich vorher mit zwei, drei Grundfunktionen vertraut machen. Darauf verzichten jedoch 90 % der Männer und fotografieren sich stattdessen in ihrem Badezimmerspiegel (hallo, es gibt eine Umkehrfunktion, man braucht keinen Spiegel!). Und zwar mit einem Blitz, der grell im Spiegel explodiert und alles in ein unbarmherziges Licht taucht (huhu, man kann den Blitz auch ausstellen!). Anscheinend hoffen sie, uns ungeheuer damit zu beeindrucken, dass sie überhaupt ein iPhone besitzen. Nun, abgesehen davon, dass das iPhone heute schon bei Dauerarbeitslosen der vierten Generation zur Grundausstattung gehört: Technische Geräte sollte man als Mann auch bedienen können.

Dieses Motiv – das häufigste überhaupt – wird übrigens auch nicht besser, wenn man eine Billigschrottkamera benutzt oder den Flurspiegel. Oder wenn eine offene Klotür im Hintergrund dezent darauf verweist, dass das Foto in einer öffentlichen Männertoilette aufgenommen wurde. Man riecht sie förmlich, die Erotik.

Immerhin: Einige Männer haben die Umkehrfunktion entdeckt. Da ragt dann der rechte Arm so merkwürdig aus dem Foto heraus – oder neuerdings zwei Arme, das ist die Generation iPad. Aber warum dann immer noch im Badezimmer? Oder vor einem undefinierbaren Müllhaufen neben einer Matratze? Und vielleicht ist es mal jemandem aufgefallen: Schauspieler und Rockstars schauen den Betrachter auf Fotos immer direkt an. Diese Männer aber starren grundsätzlich knapp daneben, irgendwo aufs Display, unfähig, die Kameralinse zu entdecken. Wie sollen die später andere, wichtigere Dinge finden?

LaufMan hat sich gleich drei Mal in seinem Badezimmerspiegel fotografiert. In der linken Hand eine kleine, rote Discount-Kamera, in der rechten einen Joghurt-Drink mit Strohhalm. Die Stirn ist abgeschnitten. Im Hintergrund ein vollgerümpelter Flur. Dafür hat er auf dem dritten Foto die Augen zu. Damit hätte er sich nicht mal bei einem Döner-Imbiss bewerben können.

Ich persönlich liebe Badezimmer. Übergroße Badewannen, üppige tropische Gewächse, jede Menge Kerzen, indische Badesprudelkugeln – das ist für mich der Inbegriff von Luxus und Erotik. Überflüssig zu erwähnen, dass in den Hunderten von iPhone-im-Badezimmerspiegel-Fotos kein einziges einladendes Badezimmer zu sehen war. Sondern bestenfalls weiße Fliesen im Blitzlicht.

Manche nutzen auch die Gelegenheit und zeigen sich im Unterhemd, im Muscle-Shirt (sind die nicht in den 80ern ausgestorben?) oder ganz oben ohne. Gut, einige haben trainiert. Meistens blicke ich trotzdem nur fasziniert auf den drohenden Gesichtsausdruck, den sie dazu auflegen. Niedlich.

Victory und Cheese: Meisterwerke der Selbstinszenierung

Viel hilft viel, sagen Theaterregisseure. Im Theater allerdings muss man den Zuschauer in der letzten Reihe erreichen, während Fotos ohnehin ganz nah dran sind. Wenn der Mann da die Augen aufreißt, beide Daumen nach oben reckt und den Mund aufklappt wie beim Zahnarzt, denkt die Betrachterin eher: Weniger wäre mehr gewesen, *keksdose82*.

Warum recken so viele Männer einen Daumen hoch? Wollen sie uns sagen: Wird schon klappen mit mir – auch wenn ich nicht so aussehe? Zwei Daumen sehen noch hilfloser aus. Die ganz Raffinierten benutzen das Victory-Zeichen, um uns zu suggerieren: Hier kommt ein echter Gewinner! Deswegen bin ich ja auch schon seit vier Jahren auf partner.de.

Es muss einen Wettbewerb um die schlimmste Selbstinszenierung geben, anders sind diese Fotos nicht zu erklären. *Sport-Kurt* fläzt sich auf seinem Sofa mit extrem weit gespreizten Beinen, als wolle er sagen: Und wer bringt mir jetzt mein Astra? *Pianospezl* steht grimmig vor seinem Auto, Arme verschränkt, und telefoniert. Botschaft: Ich arbeite! Siehst du nicht, dass du störst? (Schön, wenn die Beziehung schon da anfängt, wo sie meist erst nach fünf Jahren endet.) *hopehoodie* dagegen läßt den Kopf hängen. Sucht er etwas auf dem Boden? Oder hält er es für besser, wenn man möglichst wenig von seinem Gesicht erkennt?

Kommen wir zur Shortlist des Wettbewerbs: *Knobibo* zeigt belämmert grinsend auf seinen Drink, *adriano81* schläft in seiner Sofaecke, *Mastertoast* beißt so in seinen Döner, dass an den Seiten alles herausquillt. *Thomas71* hockt in einem feuchten, niedrigen, fleckigen Keller. Und *cyberwodka* lässt sich draußen auf einer Wiese hinter einem Gitter fotografieren, rüttelt mit den Händen daran und kneift dabei Augen und Mund zusammen. Lebt er im Zoo? Müssen wir den Tierschutzbund informieren – oder Amnesty International?

Aber ich fürchte, niemand wird *guenter66HH* die diesjährige *»Faule Birne«* für die beste Selbstdarstellung in einer Singlebörse nehmen: Er steht in einer Schlammpfütze in einem Erdloch im Asphalt. Das Loch ist so schmal und hoch wie er selbst und er schaut von unten in die Kamera, wie ein Entführungsopfer in einem Anthony-Hopkins-Thriller oder Saddam Hussein bei seiner Festnahme. Was wollte Günter damit zum Ausdruck bringen?

a. Guck mal, hab ich selbst gebuddelt!
b. Ich bin mehr so der bodenständige Typ.
c. Ich liebe Löcher aller Art.
d. Hier könnten wir unsere Flitterwochen verbringen!
e. Die Ehe ist das Grab, das wir uns selbst schaufeln.

Vieldeutigkeit ist das Signum wirklich großer Kunst. Ist das Ganze vielleicht eine Installation für die nächste Documenta? Ich will es hoffen. Als Datingversuch ist es nur so mittel.

Mit Hund und Flachbildfernseher: Der Mann und seine besten Freunde

Männer können Auto fahren, ich will das gar nicht abstreiten. Wenn man allerdings sieht, wie viele sich in und mit ihren Autos ablichten lassen, muss man annehmen, diese Männer hielten es für etwas unglaublich Einzigartiges, dass sie einen Führerschein besitzen. Und sogar einen Wagen! *Also, dieser Schlitten da, dieser Opel Corsa, das ist ... tatsächlich --- deiner? Darf ich kurz um ein Autogramm bitten?*

Ich fürchte aber, die Erklärung ist viel simpler: Der Mann möchte ablenken. Er weiß nicht, was er anziehen, wie er gucken und wie er dastehen soll – und kommt auf die glorreiche Idee: Ich setze mich in meinen Wagen, dann fällt das gar nicht mehr auf! Gern genommen werden auch Motorräder, Hunde, Pferde und Flachbildfernseher. Und natürlich Alkoholika aller Art. Aber auch mal eine bemooste Hausruine im Wald. Ein Bügeleisen. Oder eine braune Banane. *Sherlock* aus dem Allgäu lässt sich mit einem riesigen Rucksack fotografieren, der aber offensichtlich viel zu schwer ist, so dass sich *Sherlock* kaum noch auf den Beinen halten kann und schmerzhaft in die Kamera schielt. Was will er uns damit sagen: Das Leben ist eine Last, trag du sie mir?

Manche wollen kein Risiko eingehen und kombinieren gleich mehrere Statussymbole: *RayBer* zum Beispiel lädt einen Flachbildfernseher und ein Bügeleisen in seinen Van. Oder *Klaas29:* Er hält in der rechten Hand eine 1,5-Liter-Sprite-Flasche und in der linken ein iPhone und eine Tüte Kartoffelchips. Für jeden was dabei!

Am besten gefällt mir *Alois-Bay:* Er ließ sich neben einem riesigen, weißen Teddy fotografieren. Der Teddy überragt ihn deutlich, reißt das Maul zu einem Grinsen auf und trägt ein Fanshirt des erfolgreichsten deutschen Fußballvereins. *Alois-Bay* legt den Arm um ihn und strahlt überglücklich – soweit es das verpixelte Bild erkennen lässt. Fragt sich nur: Wenn einer so einen perfekten Freund hat, wozu braucht der noch eine Frau?

Multiple Persönlichkeiten

Ich gebe zu, auch wir Frauen sind rätselhaft. Manche stehen auf Jean-Claude van Damme, manche auf Richard David Precht und manche sogar auf Jürgen Vogel (ich verstehe es auch nicht). Vaterfigur, Badboy oder Versorger mit Vollzeitverbeamtung – jede Frau hat ihr ganz persönliches Beuteschema, mit dem sie ihre beste Freundin in den Wahnsinn treibt. Das ist auch Männern irgendwann klargeworden. Und viele ziehen daraus den Schluss: Wenn ich so viele Typen wie möglich darstelle, spreche ich damit maximal viele Frauen an!

LonelyWolf zum Beispiel posiert auf dem ersten Foto mit Baskenmütze, Kippe im Mundwinkel und Latte macchiato zeitunglesend am Frühstückstisch. Wow, süßer Intellektueller!, denkt frau. Dann der Schock: Auf dem zweiten Bild blickt ein Teenie mit unreiner Haut, ungewaschenen Haaren und Schatten unter den Augen melancholisch an der Kamera vorbei. Ein Emo. Beim dritten Bild ist alles aus: schmieriger Seitenscheitel, hellblaue Seidenkrawatte zu grauem Anzug, aufgesetztes Grinsen. Gestatten, Kaiser von der Hamburg-Mannheimer – darf ich Ihnen 20 überflüssige Versicherungen andrehen? Nein, ein einsamer Wolf arbeitet nicht für die Allianzversicherung. Und wer auf den Baskenmützenintellektuellen abfährt, wird ganz bestimmt nicht den Schleimer im Anzug haben wollen. Männer, ihr müsst euch schon entscheiden, womit ihr uns beeindrucken wollt! Man kann den Typen, den man verkörpert, nicht von Foto zu Foto wechseln.

Als *belledejour* habe ich viele Männer gefragt, was attraktiv an ihnen sei, und viele haben mit einer Gegenfrage geantwortet: Was findest du denn attraktiv? Mit anderen Worten: Mir ist es völlig egal, wie ich bin – Hauptsache, DU findest es gut! Ich kann gar nicht sagen, wie weit dieser Ball neben das Tor geht. Es ist gar kein Tor in Sicht. Und auch kein Ball. So funktioniert das Spiel nicht. Der Mann muss sich selbst definieren, sonst ist er keiner.

Keine Variationen über ein Thema

Der entgegengesetzte Fehler: lauter Fotos, die sich erschreckend ähneln. Und am besten immer denselben Fehler haben. *Allgaeuer* etwa zeigt sich grinsend vor verschiedenen Urlaubskulissen – aber immer ist die Kamera so weit weg, dass man das Gesicht kaum erkennen kann. Und immer liegt es im Schatten seines Käppis.

Oder *Hellas,* der am Meer, im Büro, in der Stadt und in den Bergen immer so lächelt, dass seine Hasenzähne gut zu erken-

nen sind. Oder *ergo85*, der auf allen fünf Fotos eine übergroße schwarze Sonnenbrille trägt. Ist der Arme ein Albino?
Magic26 hat nur zwei Fotos – und zwar exakt dieselben. Man klickt zehn Mal hin und her, bis man verwirrt feststellt, dass auch nicht die kleinste Differenz besteht. Und das war kein Hochladefehler. Ich habe ein halbes Jahr später noch mal geguckt. Immer noch die beiden identischen Fotos.
Männer sind nicht nur rätselhaft. Manchmal sind sie auch unheimlich.

Rote Augen im Dunkeln

Peter Gabriel hat einmal gesagt: »Mein Fotograf ist dafür zuständig, dass ich gut aussehe.« Wenn man sich durch Dating-Fotogalerien klickt, entdeckt man, dass auch das Umgekehrte gilt: Mit der richtigen Fototechnik kann man aus jedem einen Quasimodo machen. *Babbabndudab* macht es vor: Das leicht aufgedunsene Gesicht füllt das gesamte Bild aus; aufgrund des ungünstigen Lichts wirkt seine Haut rötlich; der Blitz plaziert auf seiner Glatze einen großen Lichtfleck; dafür liegt das rechte Auge komplett im Schatten. Als Bewerbung für die Hauptrolle in Saw VI wäre das Bild prima geeignet.
Natürlich kommt es vor, dass man bei einem Schnappschuss aus Versehen die Augen zuhat. Aber warum postet *gutdrauf68* ausgerechnet dieses Bild? Ich erwähnte schon die verführerische Wirkung schöner Augen. Aber ich sagte schön, nicht rot! Auf Hunderten Fotos ist der gesamte Hintergrund dunkel, und die roten Augen leuchten umso mehr aus dem Schwarz hervor. Man braucht übrigens nicht mal Photoshop, auch in iPhoto kann man mit einem Klick rote Augen beseitigen. Und selbst wenn ihr diese Funktion nicht kennt – habt ihr denn wirklich kein einziges Foto, auf dem man eure Augen

erkennen kann? Man kriegt schon Parkinson vor lauter Kopf-schütteln.

Manchmal steht das Bild auch auf der Seite. Oder ein Gegen-stand wächst sozusagen aus dem Hinterkopf. Oder das Ge-sicht liegt durch Gegenlicht komplett im Dunkeln. *Restle-ben09* schafft es, alle Fehler in einem Foto zu vereinen: Die gelbe Deckenlampe wächst aus dem Kopf im Gegenlicht, und das Foto ist um 90° gedreht. Der worst photo award geht dennoch an *Iam007:* Er hat sich von oben fotografiert und das rechte Auge abgeschnitten. Das Foto hört mitten im Ge-sicht neben der Nase auf.

Die wahren Meister aber kombinieren alles: verunglückte Fo-tos einer offenbar multiplen Persönlichkeit, aufgenommen mit einem iPhone im Badezimmer, und das möglichst oft. Vir-tuos spielen sie alle Möglichkeiten aus, sich selbst zu verun-stalten und in ein möglichst schlechtes Licht zu rücken. Der Preis fürs Gesamtwerk geht daher an *darklord4u.* Seine Gale-rie ist ein Bad-taste-Feuerwerk sondergleichen, bestehend aus folgenden fünf sorgsam arrangierten Höhepunkten:

1. Links ein halb abgeschnittener Pferdekopf, rechts ein halb abgeschnittener Menschenkopf, unrasiert, Mund steht of-fen.
2. Mit Billigkamera in den Badezimmerspiegel fotografiert, im Hintergrund eine weiße Kachelwüste.
3. Gesicht von unten im Gegenlicht, mit einer Miene schmerz-vollen Leidens, ungünstiger Ausschnitt, ungesunde Ge-sichtsfarbe.
4. Im knallroten Sportdress, Kinn verschwindet im Kragen, über den Augenbrauen abgeschnitten.
5. Wieder Foto Nummer eins.

Unergründlich sind die Wege des Herrn – und die Fotoauswahl von *darklord4u*. Schade, dass die Männer nie unser Lachen sehen können, wenn wir uns da durchklicken. Das würde vielleicht helfen.

Ladenhüter sucht Traumfrau: Profiltexte

Wer bin ich? Wen suche ich? Und wofür? Die meisten Datingportale geben einem die Möglichkeit, sich dazu frei zu äußern – in einem Text, der direkt unterm Foto steht. Manche Männer, die es gerade noch geschafft haben, im Steckbrief ihr Alter, ihre Größe, ihr Gewicht und die Zahl ihrer Kinder anzugeben, fühlen sich von der Überschrift »Persönliches Statement« aber bereits überfordert: »Was soll man hier großartig schreiben?«, fragt *Captainhappy* sich und seine Leserinnen. »Sich selber zu beschreiben ist immer so schwierig«, klagt *stephan81*. »Hmmmmm was soll ich hier groß schreiben«, überlegt auch *Nyuubo332*. »Ich bin, wie ich bin :D«. Aha. Nur wie bist du denn? *Maharad* lässt uns an seinem gesamten Denkprozess teilhaben: »Was soll man hier nur groß reinschreiben … *überleg* … muss ja kreativ und so sein … ach wird mir zu doof, meld dich einfach! *g*«.

Man hätte gerne gewusst, wie viel Zeit zwischen dem Niederschreiben der vier Satzteile verging. Drei Sekunden? Drei Minuten? Oder drei Stunden?

Andere Männer scheinen ihr gesamtes Leben nur auf dieses Textfeld gewartet zu haben. In einem ungefilterten Bewusstseinsstrom erzählen sie ihr Leben, ihre Beziehungsfantasien und ihre (allesamt schlechten) Internetdatingerfahrungen, kopieren Lebensweisheiten, Sprüche, Rilke-Gedichte, Lennon-Songtexte und Youtube-Links hinein, garnieren das Ganze mit Zwinker-Smileys und Rechtschreibfehlern und geben am Ende noch Tipps zur richtigen Ernährung und zur Ersten Hilfe bei Schlaganfällen. Dabei wollte man doch eigentlich nur kurz gucken, wer dieser *marcnesium* ist, der einen gerade angeschrieben hat. Und sich nicht in 16 Youtube-Videos über seinen zweifelhaften Musikgeschmack informieren. Zwischen diesen beiden Polen – völlige Ratlosigkeit und unkontrollierte Logorrhö – bewegen sich die meisten Männer. Und sehen dabei aus wie Anfänger in einem Singletanzkurs: steif und unbeholfen. Manche etwas trotzig, andere schon leicht gereizt und aggressiv. Aber warum denn bloß? Es geht doch nur um eine einzige Sache: Wir sollen Lust bekommen, euch kennenzulernen. Name, Foto und Text als Triumvirat sollen euch so anziehend wirken lassen, dass wir euch unbedingt antworten, schreiben und treffen wollen. Dieser Gedanke kommt den meisten Männern aber gar nicht. Aus ihren Statements erfährt man so gut wie nichts über sie, und wenn man etwas erfährt, hätte man es lieber nicht gewusst. Sieben verschiedene Strategien haben die Dating-Männer stattdessen ersonnen, um die Anziehung, die durch das Foto vielleicht aufgekeimt ist, sofort wieder im Keim zu ersticken. Warum, weiß ich auch nicht. Ich weiß nur, dass die meisten sogar mehrere dieser No-Gos kombinieren, um auf Nummer sicher zu gehen.

Schreiben über das Schreiben

Kaum zu glauben, aber viele Männer begnügen sich tatsächlich damit, über das Schreiben zu schreiben. Mit den scharfsinnigen Botschaften: *Ich weiß nicht, was ich schreiben soll; ich werde später mal was schreiben; ich werde nichts schreiben; bitte schreibt mir; bitte antwortet wenigstens auf meine Anschreiben; ich habe keine Lust, viel zu schreiben;* und, heimlicher Höhepunkt: *es ist generell sinnlos, hier etwas zu schreiben.* Vom hilflosen »was schreib ich bloß?« war ja schon die Rede. Es ist aber auch nicht besser, in das Textfeld zu tippen: »kommt noch« – »folgt später« – »Statement in Arbeit«, oder: »Achtung Baustelle .... mit der Fertigstellung kann vielleicht noch im nächsten Jahr gerechnet werden. :-)« Und das dann vier Jahre stehen zu lassen. »Ich werde irgendwann mal was schreiben« klingt verdammt nach »Nächstes Jahr denke ich bestimmt an deinen Geburtstag!«.

Manche sehen es allerdings gar nicht als Defizit, dass ihnen nichts einfällt, nein, trotzig wehren sie sich gegen die vermeintliche Zumutung. Und zwar mit folgenden ausgefeilten Formulierungen: »nö« – »Blubb« – »Oink, oink« – »Statement« – »insert fancy comment here« – »Bla bla bla … … find es heraus!« – »Hier könnte eine abgedroschene Platitüde stehen« oder »Hier steht mal kein ›schlaues‹ Zitat von irgendjemanden!«. Äh – hat das irgendjemand verlangt?

Viele schreiben zwar selbst nichts, möchten aber, dass wir ihnen schreiben: »Melde dich einfach« – »Frau darf mich auch anschreiben« – »Ich freue mich auf Nachrichten! ;)« – »Ich freue mich auf Post von Dir! Lg Klaus«. Wie gesagt: Das waren keine Auszüge. Sondern die kompletten Profiltexte von *paadiegottHH, ebro28, ShuFa* und *iKlaus.* Irgendwie rührend. Sie möchten, dass man ihnen schreibt. Nun, das wollen alle. Nur – warum sollte frau es tun? Schnell stellen diese Genies fest, dass sich keine meldet. Und vermuten, die Frauen am anderen Ende seien einfach zu schüchtern. Folgerichtig fügen sie hinzu: »Einfach anschreiben, ich beiße nicht« – »findets raus, ich beiße schon nicht ;)« – »Also traut euch :-)« – »Schreibt mich ruhig an, nur nicht so schüchtern!« – »Trau dich! Was hast du schon zu verlieren!« – »keine Angst – ich beiße nicht!« – »Nur Mut!« – »Ich beiße nicht! :-)«.

Es ist erschütternd, wie viele Männer dieser völlig falschen Theorie anhängen. Wenn man mit einem auch nur halbwegs attraktiven Profil als Frau online geht, kriegt man alle zehn Minuten eine Zuschrift. Und wenn man so unvorsichtig ist, auch nur »ach so?« zurückzuschreiben, wird man als Anfängerin in einen stundenlangen Chat verwickelt. Wenn ein Mann nicht angeschrieben wird, dann liegt das nicht daran, dass die Frauen keinen Mut finden oder doof oder ungerecht sind, sondern dass sie zu 98 % damit beschäftigt sind, auf die fleißigen Flirtkonkurrenten zu reagieren und in den dazugehörigen Profilen zu stöbern. *So geht das Spiel!* Und das ist übrigens auch der Grund dafür, dass Frauen sich nicht mit jedem Mann, der sie anschreibt, gleich treffen. Selbst wenn man es als Fulltimejob betriebe – man kann nicht 20 Männer am Tag daten. Nicht mal zehn. Selbst einer am Tag ist schon zu viel. Man versucht im Chat herauszufinden, wer von den 20 so interessant ist, dass man sich tatsächlich mit ihm verabreden möchte. Und verrät natürlich niemandem, dass man parallel mit 19 anderen chattet. Mit dem Ergebnis: Der Mann, der das nicht weiß, versteht die Welt nicht mehr. Warum schreibt ihn keine an? *Sind wohl zu schüchtern!* Warum antworten die meisten nicht? *Unhöflich!* Aber vor allem: Warum will sich die, mit der man die ganze Zeit so nett chattet, nicht einfach mit einem treffen? *Zicke!*

Kaum ein Profiltext kommt ohne diese Textbausteine aus: »Das Internet nutze ich als Medium für den Erstkontakt. Das echte Kennenlernen findet live und außerhalb der Plattform statt! Bitte verschanzt euch nicht virtuell hinter der Tastatur.« Doch, *Cologne70,* sie verschanzen sich – und zwar nicht nur virtuell, sondern real! »Virtuelle Mailfreundschaften sind ebensowenig meins. Ein Telefonat und ein damit einhergehendes Treffen sind für mich ›zielführender‹ als 100 Mails.« Schreibt *knuddltiger.* Und ja, beim Mailen kann man nicht schmusen, das muss frustierend für ihn sein. *funnyfrog* ist schon rührend ehrlich: »Im Moment verbringe ich hier viel Zeit. Aber um ehrlich zu sein, halte ich nicht viel davon unnötig lange die Tastatur zu maltretieren, um vielleicht ein paar Wochen/Monate später festzuzstellen, dass Mann/Frau sich den anderen ganz anders vorgestellt hat … ich bin der

Ansicht, dass es gut ist, möglichst bald zu telefonieren und sich zu verabreden …« Das ist noch sehr defensiv formuliert. Für die meisten ist es schon ein Reizthema: »Bitte keine ewige Chatterei!« – »Diese unsägliche, monatelange Hin- und Herschreiberei habe ich satt.« – »Ich bin nicht hier um jahrzehntelang mit jemand zu schreiben!« – »So, also wer ein echtes Interesse hat, einfach schreiben, telefonieren, treffen. Rumgeeire überlass ich den Teenagern. Und langsam wird klar, warum es in Deutschland so viele Singles gibt!!!!« Vier Ausrufezeichen. Man sieht förmlich, wie *Popeye68* sich innerlich aufplustert, weil er seine männliche Ehre gefährdet sieht. Dabei will ihn gar niemand kränken oder ärgern, und es ist auch niemand chatsüchtig. Frauen müssen auswählen, das ist alles. Und das ist verdammt schwierig.

Die Ahnungslosen aber sind beleidigt. »Warum fällt es vielen Damen so schwer, eine nette Mail wenigstens mit einem Zweizeiler zu beantworten. Ist dies nicht auch mindestens eine Frage der Höflichkeit und des Anstandes?«, fragt *Upload02*. *TizianFfm* sagt es noch etwas deutlicher: »eine höfliche mail beantwortet man ……das hat Stil und zeugt von gutem Benehmen.selbst ein: NEIN DANKE – ICH HABE LEIDER KEIN INTERESSE…dauert nur ca. 10 sekunden. I C H B E A N T W O R T E J E D E M A I L .« Das glauben wir ihm. Aber wie viele bekommt er denn am Tag? Und vor allem – was nützt ihm die höfliche Absage? Im Netz ist keine Antwort dasselbe wie eine Absage. Es wäre noch zu verstehen, wenn *TizianFfm* einer Frau diesen Wutausbruch hintergemailt hätte, die ihm nie geantwortet hat. Aber der Profiltext soll den Mann attraktiv machen. Zur Schau gestelltes Beleidigtsein bewirkt leider das Gegenteil. Der römische Kaiser Marc Aurel sagte einmal: »Es wäre dumm, sich über die Welt zu ärgern. Sie kümmert sich nicht darum.«

Manche werden auch nicht wütend, sondern melancholisch: »Leider schade, dass ihr nie zurückschreibt ;-)« – ».... Welches Statement auch immer ......es bringt hier einfach nichts ...« – »anscheinend ist man(n) hier nie gut genug« – »Warum spricht hier keiner mit mir? :-D«. Tim*F85* zieht daraus die logische Konsequenz: »Sodala da die erfolgsqoute hier scheinbar = 0 ist eine Antwort zu bekommen gebe ich hiermit auf ... ich antworte aber gerne falls doch mal jemand lust hat mich anzuschreiben! Wobei ich irgendwie bezweifle das jemals das Statement bis zu diesem Punkt gelesen wird ...«

Ich bezweifle das auch. Und komme damit zu den skurrilsten Vertretern. Nämlich zu denjenigen, die ihr Onlinedating damit beginnen, Onlinedating abzulehnen: »so. ich bin denn hier wohl der allerletzte vollidiot, der glaubt, dass es hier noch ne frau gibt, die ernsthaft nen mann für sich sucht.« – »Oh mein Gott .....warum tut man sich das hier an .....« Oder nachdenklich: »Auch wenn es viele Paare gibt, die sich über das Internet kennengelernt haben, irgendwie glaube ich nicht daran, auf diesem Weg mein Glück zu finden. Natürlich kann es überall oder nirgends passieren. Aber ich bin wirklich skeptisch.« Das verstehe ich. Aber warum um Himmels willen hat *butterblume* sich dann angemeldet? Der Profiltext von *Heino-64* besteht aus nur neun Worten: ».....muß sagen die ganze Sache hier ist irgendwie .... merkwürdig!!« Da gebe ich ihm zu hundert Prozent recht.

Das Prinzip zu Guttenberg:
Copy & Paste

Merkwürdig ist zum Beispiel, dass etwa jeder fünfte Mann die Überschrift »Persönliches Statement« so versteht, möglichst viele Lebensweisheiten und Sprüche zusammenzukopieren und aufzulisten. Seht her, sagen die langen Strichellinien dazwischen, jetzt kommt noch so ein absolutes Hammer-Zitat! Nur, dass es leider meist keine Hammer-Zitate sind. Und überdies immer dieselben.

Die Biker bevorzugen: »Leben und leben lassen« und »no risk, no fun;)))«. Die Empfindsameren bekennen: »Ein Lächeln kostet nichts und bewirkt viel.« Oder: »Wer nicht einmal am Tag lacht, der lebt nicht.« Die Bildungsbürger zitieren Hermann Hesse: »Jedem Anfang wohnt ein Zauber inne.« Und die Intellektuellen Oscar Wilde: »Am Ende wird alles gut. Und wenn es nicht gut ist, ist es auch noch nicht das Ende.« Und die ganz Armen kennen nur Eckhart von Hirschhausen: »Glück kommt selten allein.« Nur noch getoppt durch: »Küssen kann man nicht alleine.« Schließlich die Ermunterer von der Ich-beiße-nicht-Zwinkersmiley-Fraktion: »Morgen ist der erste Tag vom Rest deines Lebens.« – »Carpe diem.« – »LIFE IS NOW!« » »Wenn du denkst es geht nicht mehr, kommt von irgendwo ein Lichtlein her.«

Ganz beliebt ist auch das Lennon-Zitat: »Life is what happens to you while you're busy making other plans« aus seinem Lied *Beautiful boy. Happy1985* übersetzt es noch ziemlich gut mit: »Leben ist das was passiert, während Du andere Pläne schmiedest.« Bei *EarlyGrey* wird daraus bereits: »Leben ist das was passiert, während wir Pläne machen.« Und dass es von John Lennon ist, weiß er auch nicht. Demnächst heißt es dann: »Leben passiert beim Planen.«

Die Zitate mögen überraschend sein (»a smooth sea never

made a skilled sailor«) oder trivial (»Nur wer sein Ziel kennt, kann auch ankommen«). Sie mögen altbacken sein (»Kommt Zeit, kommt Rat«) oder zum Erbrechen abgenudelt (»Man sieht nur mit dem Herzen gut«). In jedem Fall haben sie eins gemeinsam: SIE SIND VON JEMAND ANDEREM! Und das Gegenteil eines persönlichen Statements, nämlich eine abstrakte Lebensweisheit. Die zu Guttenbergs haben also gleich doppelt das Thema verfehlt.

Wenn diese Art Statement überhaupt etwas über die Kopierer aussagt, dann nur: »Mir ist es wichtig, ungeheuer tiefsinnig und intellektuell zu erscheinen. Ich bekomme das aber nur hin, indem ich mir aus zitate.de, lebensweisheiten.net und sprueche-zum-nachdenken.eu etwas zusammensuche. Je mehr, desto besser. Dann fällt es vielleicht nicht so auf.« Doch, es fällt auf. Und ich wüsste wirklich gern, ob irgendwelche Frauen sich durch diesen geliehenen Pseudo-Tiefsinn beeindrucken lassen.

Aber was heißt geliehen? *PublicEnemy* sieht das ganz anders: »›Die wirkliche Liebe beginnt da, wo keine Gegengabe mehr erwartet wird.‹ Antoine de St. Exupéry – hätte aber auch von mir sein können.« Na dann. Der Büchnerpreis wartet auf *PublicEnemy!*

Nicht lustig:
Die Humororgien von *WilliWinzig* und *Ahhlecks*

Der Typus unlustiger Witzbold braucht natürlich auch einen Profiltext. Er verwendet ebenfalls Textbausteine. Die stehen nicht im Duden *Zitate und Aussprüche* und sind nicht von Cicero und Rilke, aber genauso stereotyp: »Suche: wahre Liebe. Biete: nichts, als Ärger! :-)« – »Die Damen ohne Foto klicken bitte die Herren ohne Foto an, dann könnt ihr euch gegenseitig überraschen.« – »Es gibt halt Dinge im Leben, die kann man nicht kaufen. Für alles andere gibt es die MAS-TERCARD.« – »Bei Obi gibt es dich nicht, Neckermann macht es nicht möglich und TUI sagt, ich hätte dich nicht verdient.« Beim ersten Lesen ist das vielleicht noch zum Schmunzeln. Beim zehnten Lesen fragt man sich, bei wem oder wo diese Comedy-Terroristen ihre Witze zusammenschnorren: »Ich würde niemals Pferde stehlen. Ich habe ein Motorrad.« Hahahahaha! »Und dann war da noch die junge Dame, die zu Neujahr Blumen geschickt bekam. Jetzt rätselt sie, woher sie Herrn Fleurop kennt.« Hihihihi! »Ehrlichkeit hat für mich oberste Priorität. Deshalb weißt du es zu schätzen, wenn ich dich an deine Cellulite erinnere.« Hahahihihoho! Oder die Selbstbeschreibung als Auto: »tadelloser Zustand, jedoch dem Alter entsprechend ein paar Gebrauchsspuren. Keine Kratzer oder Beulen, Originallackierung!« Ich lach mich to-hooooot! Genau diese Männer sind es dann auch, die eine Partnerin suchen, die »zum Lachen nicht in den Keller geht«. *KalliFornien, pocketrocket* und *HatZweiO.* Gut, man darf ihnen dankbar für die Ehrlichkeit sein. Lieber ein ganzes Leben ohne Sex als so einen Sprüchesammler im Bett. Aber das ist nur meine ganz persönliche Meinung.

Das Prinzip Kontaktanzeige:
Adjektive aufzählen

Die klassische Kontaktanzeige ging ungefähr so: »Großzügiger, gutsituierter, humorvoller Er (47) sucht treue, liebevolle, anschmiegsame Sie (bis 40) für dauerhafte Partnerschaft. Spätere Ehe nicht ausgeschlossen. Chiffre XXXX.« Die vier Zeilen kosteten 60 Mark. Das zwang zur Kürze. Daher die Adjektive. Viele Datingportale sind kostenlos. Und lassen einem 5000 Zeichen im persönlichen Statement. Das Ergebnis klingt dann so: »bin aufgeschlossen. kommunikativ. erkundungsfreudig. empathisch. freiheitsliebend. menschenfreund. unkonventionell. weltoffen. ironie und schwarzer humor meine größten schwächen. reif und innerliches kind bewahrt. gesuchter Frauentyp: kreativ, offen, eloquent, diskussionsfreudig, redselig, unterhaltsam, emotional, warmherzig, nonkonform, modebewusst, zu sich selbst stehend, querdenkend, ideenreich, dickköpfig, herausfordernd, geheimnisvoll, bezaubernd.«

Um sich klarzumachen, wie wenig dieser scheinbar ausgefeilte Text aussagt, muss man ihn nur mal umkehren: »bin borniert. unkommunikativ. stubenhocker. egozentrisch. unfrei. menschenfeind. angepasst. provinziell. ernst und humorlosigkeit meine größten stärken. unreif und inneres kind beseitigt. Gesuchter Frauentyp: unkreativ, verschlossen, dumpf, diskussionsfeindlich, schweigsam, langweilig, emotionslos, kaltherzig, konform, unmodisch, nicht zu sich selbst stehend, stromlinienförmig denkend, beeinflussbar, durchschaubar, öde.«

Würde sich irgendjemand so beschreiben? Nein! Denn wir alle haben dieselbe Positiv-Schablone im Kopf. Die Standard-Adjektive aus Kontaktanzeigen geben nur diese Schablone wieder, Erwartungen und Selbstverständlichkeiten, die wir alle teilen, und die deshalb nichts über den Einzelnen aussagen. Zugegeben, ich finde es saukomisch, dass auch in diesem Moment Hunderte von Männern in Deutschland vor ihren Laptops sitzen und überlegen: »Mmh … wie soll sie sein … Grob? Nee, doch eher zärtlich. Prüde? Nee, dann doch wohl lieber leidenschaftlich. Dauerschlechtgelaunt? Bitte nicht! Ginge nicht auch lebenslustig und humorvoll? Ja, genau, humorvoll, das trifft es!«

Ebenso lange brauchen sie, um daraufzukommen, dass sie sich für die angestrebte Beziehung Liebe, Treue, Respekt, Offenheit, Ehrlichkeit, Vertrauen, Tiefgang, Humor, Aktivität, Unabhängigkeit und gegenseitiges Verständnis wünschen. Die Rhetorik-Könige verwenden dabei gern folgende Wendung: »Wenn Vertrauen, Ehrlichkeit und Treue keine Fremdwörter für dich sind …«

Ich darf an dieser Stelle ein Geheimnis aus der ersten Stunde von Creative-Writing-Kursen verraten. Es bringt dem Leser wenig, wenn der Autor schreibt: »Tom war ein ziemlich verrückter Typ.« Besser ist es, zu schreiben: »Tom trug immer dasselbe knallgrüne Hemd, ging auch im Winter barfuß und hielt sich einen mongolischen Wüstenpudel als Haustier.« Wenn ihr also etwas ganz Konkretes zu erzählen habt – dass ihr als Kind einen Leguan hattet und für einen guten Talisker Whiskey bis nach Schottland reist, eine hervorragende Paella kochen könnt und Meister im Wasserski seid und leider ziemlich kurzsichtig, dass ihr mit den Ohren wackeln könnt und alle Filme von Woody Allen liebt bis auf »Vicky Cristina Barcelona« – dann ist das deutlich informativer und sympathischer als: »Ich bin ein dynamischer, unternehmungslustiger Typ.« Ähnlich sinnentleert sind auch folgende Phrasen: »Ich träume von einer liebevollen Partnerschaft auf Augenhöhe.« – »Suche eine dauerhafte Beziehung, die einfach das Gefühl vermittelt, angekommen zu sein.« oder: »Am liebsten möchte ich mit Dir wieder das Gefühl mit den Schmetterlingen im Bauch erleben.« Diese Aussage ist im Grunde identisch mit: »Ich bin im westlichen Kulturkreis geboren.« Dazu gehen wir auf eine Partnerbörse. Für »Ich suche kurzen, unpersönlichen, hemmungslosen Sex ohne jede Verbindlichkeit« gibt es andere Foren.

Und noch etwas. Auch wenn viele das glauben: Das ganze Elend wird nicht dadurch besser, dass altbackene Adjektive wie *fröhlich, unternehmungslustig, anschmiegsam* und *natürlich* ersetzt werden durch Trendknaller wie *tageslichttauglich, emotional intelligent, empathisch, kreativ, autonom* und *sensibel.* Nein, bei manchen Leserinnen geht dann der Würgereiz erst richtig los. Zum Beispiel bei mir.

Streicht einfach alle Adjektive aus eurem Text raus, ebenso die Wörter »Augenhöhe«, »mit beiden Beinen«, »Pferde«, »Keller«, »Schmetterlinge« und »angekommen«. Und schaut nach, was dann noch übrig bleibt.

Kuschelfaktor 10: Verklemmt über Sex reden

Haben Sie mal einem Meisterkoch dabei zugehört, wie er seine Lieblingsgerichte beschreibt? Wie er erzählt, mit welchen Tricks er sie zubereitet, so dass sie am Ende besonders kross, würzig, überraschend und lecker werden? Das Wasser läuft einem im Munde zusammen. Ein Mann, der so über Sex schreiben könnte – souverän, gelassen, genießerisch –, hätte schon gewonnen.

Es gibt Frauen, die das tun. Männer habe ich keine gefunden. Im Gegenteil. Die meisten Männer glauben anscheinend, sie könnten nur ans Ziel kommen, indem sie das Ziel verheimlichen. Aus Angst, am Ende in einer völlig sexfreien Beziehung zu landen, wollen sie diesen Punkt aber doch noch irgendwie anbringen – aber natürlich nicht zu direkt, um die Frau nicht zu verschrecken. Ein typisches Beispiel bietet *indiano:* »Ich suche eine aktive, dem Sport zugeneigte schlanke Frau, mit Interesse am gelegentlichen Verreisen Computer und Internet, Gartenarbeit, Filme und Kino, Aufenthalt in der Natur und Wandern und Spazieren, kulturelle Reisen Rock, Oldies, Pop (Charts) Fahrradfahren, Tanzen, Schwimmen und Wassersport Viel Liebe, viel Kuscheln und dann noch anschließend viel zärtliches Küssen und gemeinsamen Alltag sowieso«

17 (!) Aktivitäten zählt er auf, ehe er zum Entscheidenden kommt. In der merkwürdigen Formulierung: »Viel Liebe, viel Kuscheln und dann noch anschließend viel zärtliches Küssen«. Wie muss ich mir *indianos* Kuscheln vorstellen, wenn Küssen darin nicht vorkommt? Damit aber keine glaubt, *indiano* sei ein Sexmonster, ist beim Küssen auch Schluss. Statt Leidenschaft warten der Abwasch und die Reparatur der Geschirrspülmaschine: »undgemeinsamen Alltag sowieso«. FAST wäre es zu hingebungsvollem, erschöpfendem Sex gekommen. Das Wort wird übrigens generell vermieden. Selbst die offensivsten Männer schreiben lieber: »Ich hab Kuschelfaktor 10« – »Sonderausstattung: Kuschelsucht« – »Ich suche eine Frau zum liebhaben und verwöhnen. will eine Frrau verwöhnen.mit allem was dazu gehört« – »Ich verwöhne gerne und werde gerne verwöhnt« – »Jeder Tag ohne schmusen ist ein verlorener Tag« – »Ich wünsche mir Zärtlichkeit und Leidenschaft und spannende Diskussionen bei Kerzenlicht und einem Glas Wein«. Also, *kandinsko* möchte ernsthaft bei Kerzenlicht und Wein diskutieren? Ich glaube nicht. Vor purer Lust scheinen sie alle Angst zu haben, immer muss das Verlangen in andere, seriösere Aktivitäten eingebettet werden:

»Kino, Kochen und Essen, Tantra, ausgiebige gegenseitige Massagen, Zen und – erst seit kurzem wieder – Yoga.« Bleibt die Frage: Muss es immer genau diese Reihenfolge sein, *sinatra48*? Was aber, wenn ich nach dem Tantra gar keine Lust mehr auf Zen und Yoga habe?

Es scheint nur eine Haltung möglich zu sein: Die des Ober-Ober-Obersofties. Typisch ist *watagama:* »Möchte endlich wieder Händchenhaltend spazieren gehen,kuscheln,halt alles was man(n) und Frau so machen,wenn sie verliebt sind.Erotik sollte auch nicht zu kurz kommen,bin dabei ganz flexibel.. ;-)«. Also: Wenn man verliebt ist, muss man auf jeden Fall händchenhaltend spazierengehen. Vielleicht kommt am Ende noch Erotik dazu. Vielleicht auch nicht, *watagama* ist da »flexibel«. Der kastrierte Mann. Dazu fällt mir der Text einer Amerikanerin ein, der 2008 auf craigslist erschien unter dem bezeichnenden Titel: »Jetzt fick mich endlich, verdammt noch mal!«

Immerhin *ein* Mann bringt es fertig, sein Bedürfnis klar und unmissverständlich zu äußern, und zwar *Kalle1407:* »ich gehe gern in die sauna, mag fkk, bin zu hause gern nackt und liebe guten sex! wenn es hier eine frau mit gleichem interesse gibt, dann melde dich schnell!« Aber selbst der rattenscharfe Kalle kriegt es in diesem Moment mit der Angst zu tun, dass er vielleicht zu offenherzig war, und schränkt ein: »suche allerdings keinen ons, sondern eine feste freundschaft oder im besten fall eine feste beziehung!«

ons. One-Night-Stand. Etwas Schlimmeres scheint es nicht zu geben. Ich habe in den Singlebörsen, in denen ich recherchiert habe, kein einziges Männerprofil gefunden, auf dem explizit One-Night-Stands gesucht wurden. Und auch kein Frauenprofil. Kein Wunder, gibt es dafür auch beliebte Foren wie *adultfriendfinder.de, secret.de, poppen.de, meet2cheat.de* und so weiter. Obwohl also überhaupt niemand da ist, der auf einen One-Night-Stand aus ist, fühlen sich Männer wie Frauen bemüßigt zu betonen, dass sie das auf keinen Fall anstreben: »Und wer nur auf eine ›schnelle Nummer‹ aus ist, ist bereits durchgefallen …« – »Was ich nicht mag sind ONS, Affären, Abenteuer Ich bin mir zu schade für eine Nacht !!!!« Ein Mann mit Selbstachtung. Fragt sich nur, wie oft *Waldi66* dieses Angebot denn schon ausschlagen musste? Dass diese Ablehnung auch unmännlich wirken kann, dämmert *toller6666* beim Schreiben: »Meine Hörner sind schon abgestossen, ich suche kein Verhältnis zum poppen oder ONS. Das bedeutet nicht, dass ich dafür nicht geeignet wäre. :-) Ich habe kein Interesse daran. Ist mir einfach etwas zu flach der Spass.« Also: Gemacht hat er es. Geeignet ist er. Der Sexgott verzichtet mittlerweile aber aus freien Stücken auf diesen flachen Spaß. Ist ja auch alles in Ordnung. Aber warum wird es dann überhaupt erwähnt? Das ist so, als ginge man in ein vegetarisches Restaurant, um dem Kellner dann lang und breit zu erklären, dass man kein Schnitzel bestellen wolle. Auf keinen Fall!

Zicken und Emanzen:
Wovor sie Angst haben

KEIN ONE-NIGHT-STAND ist nur ein Unterfall einer besonderen Unart: Nämlich in seinem Profiltext umständlich aufzuzählen, was man alles NICHT will. »Bitte keine Raucher und Hundebesitzerinnen!!« ist ja noch relativ sachlich. Aber was soll man damit anfangen: »Was ich Überhaupt nicht mag ist Unehrlichkeiten , Überheblichkeit gepaart mit Dummheit …« Welche Frau wird daraufhin denken: Schade, da ich unehrlich, überheblich und dumm bin, schreibe ich *powerpoint7* lieber nicht an? *MondMan* klingt in seiner No-Go-

Liste schon ziemlich gereizt: »Was kann abpfeifen? Oberflächlichkeit, Hunde in Bett, offensichtlich Doofe, Schablonen, Blender.« Dasselbe Problem: Woher kann die offensichtlich Doofe wissen, dass sie offensichtlich doof ist? *Riesenzinken83* stellt klar: »folgende Damen brauchen nicht auf Post von mir hoffen: – Raucherinen – Überemanzen, welche glauben ein Mann sei ein besserer Hund . Überpartymenschen – Frauen die es mit der Körpermodifikation übertrieben haben.« Nur – haben diese Frauen überhaupt auf Post von *Riesenzinken83* gehofft? Irgendwie wirkt das alles so grauenhaft unsouverän: »Du solltest aber von vorne herein folgende Eigenschaften nicht haben: Besitzergreifend, übermäßig eifersüchtig, launisch bzw zickig und unselbständig.« Dieser Mann nennt sich *De-Niro,* stampft aber verbal herum wie Rumpelstilzchen. Genau wie *sinatra48:* »Abneigungen: Engstirnigkeit, mangelnde Flexibilität und Phantasie, Eitelkeit ohne Humor, Zicken.« Oder *brightvision:* »Ich mag nicht: – Immerwährende Faulheit und Motivationslosigkeit, in Bezug auf Personen. – Frigidität – Wenn es gewagt wird meine Gutmütigkeit auszunutzen.«

Da haben wir es wieder, das Adjektivproblem: Was aussieht wie ein persönliches Bekenntnis, ist nur eine Platitüde. Aber mit dem Beigeschmack, dass der Mann schon von vornherein missmutig und genervt dasteht. Jemand, der beim Schreiben des Profiltextes nicht lächelt, schwärmt und verheißt, sondern herumgrantelt wie ein beleidigtes Kind. Möchte man mit so jemandem flirten?

Ziemlich unangenehm wirkt auch das wiederkehrende Statement: »bitte nicht anschreiben, wenn du älter bist als ich!« Iiih, eine ältere Frau! Und sie hat mich angeschrieben!!! Wie kommt es nur, dass Männer fast ausschließlich deutlich jüngere Frauen anschreiben, während sie es selbst als Zumutung empfinden, von einer älteren Frau angeschrieben zu werden? Könnte es übrigens nicht sein, dass *lausbub44* dadurch seine Traumfrau verpasst, die zufällig ein Jahr älter ist? Und würde es nicht generell ausreichen, einer Frau, die einen nicht interessiert, zurückzuschreiben: *Sorry, kein Interesse?*

Manchmal können Adjektive allerdings doch etwas aussagen. Negativlisten wirken unsympathisch, unsouverän, eitel, kleinlich, engstirnig, intolerant, unerotisch, unkultiviert, unhöflich, überflüssig und dumm. Ich will nie wieder eine Negativliste sehen! Und Männer, die Negativlisten im Profil haben, dürfen nicht auf Post von mir hoffen!! Wehe, ihr schreibt mir!!! Nein, nicht schreiben!!! NAAAAIIIIN!!!

Nim das Leben leicht: Scheitern in einem Satz

Es gibt zwei Sorten von Männern. Die einen brauchen seitenlange Profiltexte mit Negativlisten, Adjektivkaskaden, verklemmten sexuellen Anspielungen und pseudowitzigen Sprüchen, um frau für immer abzuschrecken. Andere schaffen das in einem Satz. Meist kommt ihnen dabei ihre ausgefeilte Kenntnis der Grammatik, Interpunktion und Rechtschreibung der deutschen Sprache zu Hilfe. Hier meine persönlichen Lieblinge. Es handelt sich jeweils um den vollständigen und ungekürzten Profiltext, die sprachliche Visitenkarte des Traummannes in spe:

» alles wir gut. man muss es auch wollen! *(toptrail44)*
» Gemeinsam geht es besserun zu zweit oder mehrrrrrrr macht es auch mehr spaß *(firesidechat)*
» Nim das Leben nicht so ernst! *(purzelpeter78)*
» Es ist wie as is. *(steakmaster)*

» Ich prostiuiere mich nicht in Textfeldern … *(Halgur)*
» ich kann flickflack *(asbp)*
» Wichtig ist das man sich gegenseitig gut tut! *(AlCapone)*
» Noch mehr Statements findest Du in meinem Block unter: *(Name)*

Es folgt die Webadresse. Ich habe nicht reingeguckt.

And the winners are:
Wie es geht.

Ungefähr jedes fünfte Männerprofil hat gar keinen Text. Nada. Und nach all den nervigen, eitlen und stereotypen Profiltexten, durch die ich mich gekämpft habe, kam ich irgendwann zum Schluss: So schlecht ist das gar nicht. Natürlich kann man diesen Männern Faulheit vorwerfen. Man könnte aber auch behaupten, sie wählen die eleganteste Variante, um das zu sagen, wofür andere ellenlange, verschwurbelte Sätze brauchen: Was soll ich hier groß schreiben, wenn du Interesse hast, lass uns einfach chatten, telefonieren und treffen.

Aber: Sie vergeben damit auch eine Chance. Denn wenn man als Frau doch mal zum Stöbern kommt und auf ein Profil trifft, dessen Foto und Steckbrief neugierig machen, dann braucht man irgendeinen Anhaltspunkt, um etwas Intelligentes zu schreiben. (»Lust auf Fikken?« reicht da nicht.)

Und deswegen ist der genial einfache Schlüssel zu einem guten Profiltext: Schlag etwas Konkretes vor! »Yiippiehh, bald gehts skifahren! will jemand mit, es sind noch Betten frei …« – »samstag ist ›kunst und sünde‹ party. wer geht hin?« – »In T. gibt's ne Wasserski-Anlage. Wer hat Lust einen Anfängerkurs zu belegen?« – »It don't mean a thing if it ain't got that Swing! Also lass uns eine Runde Swing tanzen! :)«

Es macht Lust auf mehr. Es klingt witzig. Die Adjektive *sport-*

lich und *unternehmungslustig* kann man sich sparen. Und selbst wenn man nicht Wasserski fahren will, hat man einen guten Einstieg für das Anschreiben: »Hey, *melone77*, ich bin leider wasserscheu. Gehen wir trotzdem auf 'ne Spritztour?«

Freilich, wenn einer mit Sprache umgehen kann, sollte er es auch nicht verbergen. Wenn er geistreich, poetisch oder witzig formulieren kann, sollte er etwas erzählen, am besten etwas Außergewöhnliches und Aufregendes aus seinem Leben und seinen Träumen. Wenn man Mühe mit Prosa hat, sind übrigens auch Aufzählungen in Ordnung. Ein Leipziger zählte auf, welche fünf Bücher er zuletzt gelesen und welche fünf CDs er zuletzt gehört hatte. Und einer der sympathischsten Profiltexte, die mir überhaupt begegnet sind, stammte von einem Maschinenbauer aus Baden-Württemberg: Eine Spiegelstrichliste mit 40 Aussagen über sich selbst. Nur Hauptsätze. Und kein einziges Klischee.

Und noch ein Tipp: Bitte nie zu viel verraten. Denn das Geheimnis ist es, was uns anzieht. Das süße, verlockende Geheimnis. Und deswegen kann es auch fantastisch funktionieren, wenn man nur einen einzigen Satz hinschreibt. Es muss nur eben ein ganz besonderer, überraschender Satz sein, ein echter Hammer. Und möglichst ohne Rechtschreibfehler. Hier meine Lieblinge, die in meinem Ohr immer weitergeklungen haben.

» Ich bin hier um nicht lange zu bleiben … hatte ich jedenfalls mal vor!;-)

» 9 von 10 Stimmen in meinem Kopf sagen ich sei verrückt, die zehnte summt die Melodie von Tetris :-)

» Frauen, die sich mit Typen wie mir einlassen sind mir zu unseriös.

» Die ausserirdischen Eierköpfe haben unseren Antrieb lahm gelegt.

- » wäre gerne dumm und glücklich…einfach nach den sternen greifen und umfallen
- » Welt, ich bin noch nicht fertig mit Dir.
- » Wir können ja danach immer noch behaupten, dass wir uns im Supermarkt kennen gelernt haben.

2.

Lockvögel:
Wie Männer ticken

»Hi, wie geht's Dir? Schönes Profil von Dir! :-) Suchst Du auch was Lockeres? LG« Es waren diese Standardanschreiben, die mich wahnsinnig machten. Der Typ hatte sich weder mein Statement durchgelesen noch mein Foto angeguckt. Er verschickte einfach jeden Morgen diesen Satz an 80 Frauen. Nach dem Schrotflintenprinzip. Ich bin aber keine Tontaube. Und deshalb machte ich kurzerhand einen Test: Ich eröffnete das Profil *suessemaus*, 21 Jahre alt. Kein Foto, kein Statement, keine Angaben über Größe, Bildung, Beruf, Kinder, nichts. Es hätte sich um eine 140 Kilo schwere Zwergin mit schwerer Streifenakne, Mundgeruch und einem massiven Alkoholproblem handeln können. Bereits nach wenigen Minuten kamen die ersten Zuschriften: »Hey Baby. Lust auf ne Fußmassage? Bernie« Und: »Hi süsse, einen lieben Gruß in die Nachbarschaft. Tät dich gern kennenlernen. Cu tommie.« Wie wenig wählerisch sind Männer eigentlich?, dachte ich. Was lassen sie sich bloß alles gefallen? Hauptsache, Vagina?

Und so stellte ich nach und nach lauter Frauen online, die auf ihre Weise vollkommen unmöglich waren: dumm, zickig, naiv, klammerig, emotionslos, depressiv, unhöflich, säuselromantisch, abgedreht-esoterisch. Ich drehte die Schraube immer weiter in der Hoffnung, die Männer würden irgendwann was merken oder sich wehren. Pustekuchen. Und obwohl ich es immer mehr übertrieb, schnallte es nur einer von hundert. Gruselig und saukomisch zugleich.

Dann kamen die ersten Überraschungen. Zum Beispiel: dass das Alter gar nicht so wichtig ist, wie wir Frauen glauben. Wie ticken Männer eigentlich?, begann ich mich zu fragen. Womit verschrecken wir sie, womit fangen wir sie ein, was ist für sie unwiderstehlich? Womit können sie etwas anfangen und womit gar nichts? Worauf können sie auf Augenhöhe antworten, und wann rudern sie nur hilflos mit den Armen?

Es wurde immer spannender, es machte süchtig. Lasst euch überraschen. Blättert die Profile durch und ratet, welche Frau die wenigsten und die meisten, die angemessensten und die absurdesten Antworten bekam. Ihr werdet euch wundern.

Ich beginne mit dem erotischsten Profil: *amourdeluxe.* Guckt es euch an. Und ratet, wer sich darauf gemeldet hat. Und wie. Und dann lest die ganze Wahrheit. Auch wenn ihr es mir nicht glaubt: Ich habe mir nichts ausgedacht. Und jeder einzelne Satz, den ich zitiere, wurde genau so geschrieben.

Profil   Bilder   Nachrichten   Matchings

58

amourdeluxe:
Die kühle Femme fatale

Persönliches Statement

Ich erwarte viel.
Ich verlange noch mehr.
Ich gebe alles.
Was bietest du mir?

Profil

Alter:	24
Größe:	1,76
Figur:	schlank
Augen:	blau
Letzter Abschluss:	Hochschulabschluss
Sprachen:	Deutsch, Französisch, Italienisch
Kinder:	Keine
Kinderwunsch:	Vielleicht später
Rauche:	Nein, im Moment nicht
Religion:	römisch-katholisch
Fitness:	topfit

Profil   Bilder   **Nachrichten**   Matchings

Tillmann4U (29): Ich frage mich, ob dieser schöne Rücken auch ein hübsches Gesicht hat …? Oder gilt hier etwa das Sprichwort »Hinten hui und vorne fui?« ;)

puschel42 (42): gans offen sexxxxxxxxxxx,,,,,,, ist das ok bebyyyyyyyyy

lewrusskij (28): Haaaallllööööö ;-) Würde dich gerne näher kennenlernen! Was hältst du davon??? Gruß and Kiss :-))

Domreppo (21): Erwartest aber viel ;)

The-Next (27): sexy talie ;)

somewhat666 (42): meinst du Geld? Oder wie jetzt?

Habalam_45124 (35): Wie wäre es mit 100 euro die stunde? ;)

Wilford_Smith (36): hi. Was meinst Du genau mit bieten?:-)

Singel07 (44): ....selten so ein geiles Profil hier gesehen ....Respekt .....:(.....tolle Sache und sehr sehr sexy so von hinten ..... Ich komm zwar aus Bremen, wollte Dir aber trotzdem selbiges schreiben ..... lg

DennisXXL (25): wow was für ein rücken und diese haarpracht noch dazu, sehr attraktiv! ;)

mirakel31 **(32):** hallo, wow was für ein hübscher rücken, grins. Darf ich evtl die Vorderseite auch noch sehen, wenn es denn eine gibt!? Hier noch bilder von mir! lg

poooooland **(34):** woh was für ein Selbstbewußtsein, klasse Foto. Wie hast Du das hinbekommen?

Download35 **(36):** Hallo Schöne Unbekannte. Bin fast Neu hier und versuche es einfach mal auf diese Weise jemanden kennen zu lernen. Ist nicht leicht in der heutigen Zeit. Bin als Klempner viel am Arbeiten. Dann noch ein bisschen Sport und der Tag ist vorbei. Mit mir kann man Spaß haben und sich sogar unterhalten. Falls Interesse besteht, würde mich freuen wenn du meldest.

Zumiroderzudir **(28):** also du könntest mir ein paar von deinen hohen Schuhen geben und ich biete dir dafür einen bademantel .. das würde uns beiden wohl helfen

laechelmal **(28):** Hi!:) Alles gut bei Dir? Wie heißt denn?

Hippoh **(31):** naaa :-) ich lass dir mal ein liebes hallo da und konntest hoffentlich ein freien Tag genießen :-) !?

Blauauge666 **(30):** Hey amourdeluxe. Ein hübscher Rücken kann auch entzücken ;-)

Ein hübscher Rücken

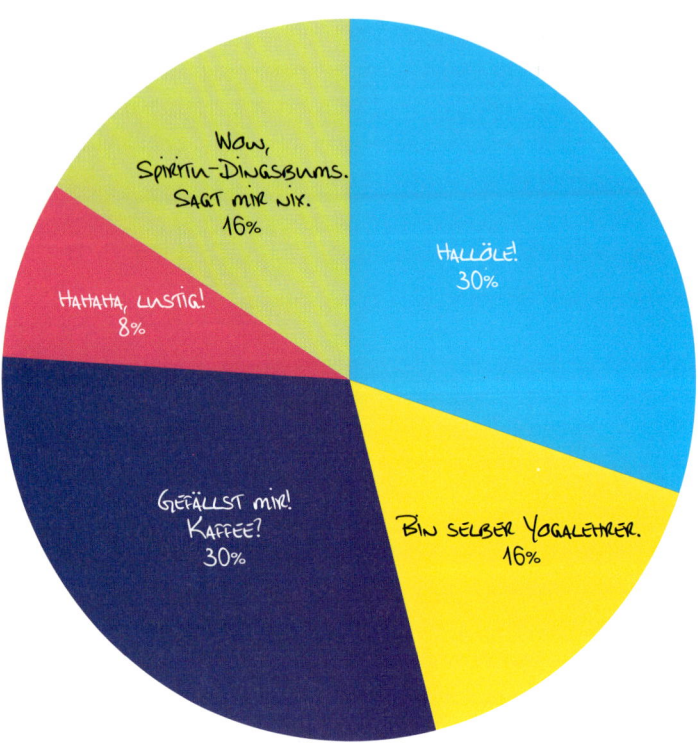

amourdeluxe möchte das, wonach sie sich benannt hat: Liebe als Kunst, Leidenschaft als Lebensgefühl, Erotik als Luxus. Sie bringt alles dafür mit: Sie ist groß, jung, schlank und blond, diskret und offensiv. Sie zeigt alles und nichts. Sie ist nackt, aber sie wendet sich ab. Sie ist edel und verschwiegen. Und sie hat diese Haare, die für so viel stehen: Hingabe und Fallenlassen, sanftes Streichen über die Haut, Verschwendung und Verhüllung.

Für *amourdeluxe* ist es definitiv das perfekte Foto für ein Datingportal: offenherzig und geheimnisvoll zugleich. Umso ärgerlicher, dass fast alle deutschen Datingportale es nicht veröffentlichen wollten. Mit der Begründung, darauf sei kein Gesicht zu sehen. Dazu muss man wissen, dass mindestens die Hälfte der Teilnehmer dieser Portale gar kein Foto einstellt, um das Gesicht nicht preiszugeben. Das ist erlaubt. Aber dieses Foto wird nicht veröffentlicht?

Immerhin, ein Portal hat es veröffentlicht. Und unzählige Männer dort haben *amourdeluxe* angeschrieben. Aus allen Ecken des Landes, aus Österreich und der Schweiz. Die Männer begehren sie, wollen sie, betteln, wünschen, stellen sich vor, laufen ihr nach. Aber leider versteht es fast keiner von ihnen, sich selbst begehrenswert zu machen. Das hat schon tragische Züge. *amourdeluxe* hat doch vorgemacht, wie es geht: Verheiße viel. Verrate wenig. Sei dir deines Wertes bewusst. Wähle deine Worte mit Bedacht. Erwecke Fantasien.

Warum gelingt es dann niemandem, mit ihr auf Augenhöhe zu kommunizieren – verheißungsvoll, diskret, selbstbewusst, und exklusiv?

Beginnen wir mit dem Niveau. Wieso erreichen ausgerechnet *amourdeluxe* lauter Zuschriften, die nur so wimmeln von geistlosen Platitüden und Rechtschreibfehlern? »hallo wie geht es dir? Mir geht's soweit gut! Mir gefällt dein profil . daher dachte ich mir , das ich dich einfach mal anschreibe . und natürlich möchte ich dich auch kennenlernen .« Geht es noch inhaltsleerer? Dieses Anschreiben würde auch passen, wenn eine Hundebesitzerin einen Mann zum gemeinsamen Gassigehen suchte.

Oder *hallihallo:* »Hi ich bin der gerd suchst du was festes odr nur spass??lg« Glaubt dieser 42-Jährige aus Dithmarschen wirklich, ohne Einsatz von Punkt und Komma diese Frau ins Bett zu bekommen?

Manchmal kann man den Männern bei ihren schwerfälligen Denkprozessen regelrecht zusehen. So wie *björni006* (35): »Hey, wünsche dir ein schönen und sonnigen Sonntag, vielleicht hattest du ja wegen dem Feiertag auch ein langes Wochenende? ok muss zugeben nicht gerade das einfallsreichste als ersten Kontakt LG«. Ihm fällt zwar nach zwei Sätzen auf, dass er nur trivialsten Mist gelabert hat (Feiertage gelten sogar für Blondinen!). Er weist sogar selber darauf hin, ist aber nicht in der Lage, den ersten Satz wieder zu streichen und sich einen besseren auszudenken.

Nächster Punkt: Was verheißen die Männer? *amourdeluxe* verspricht: »Ich gebe alles.« *KingRoyale* (33) schreibt: »Hi !!! Sorry wenn ich störe .... hast du vielleicht etwas zeit für mich ? Lg« Wie attraktiv ist jemand, der sich selber als Störung einordnet? *Gaensehaut* (32) versucht es mit Lockerheit: »Hey. Den Spruch mit dem schönen Rücken verkneife ich mir jetzt mal..;-) Dafür biete ich Spiel, Spaß und Schokolade! Genug für den Anfang? Dann kommt bestimmt noch mehr..« Diese etwas dümmliche Fröhlichkeit mag ja auf Datingforen üblich sein – gegenüber *amourdeluxe* ist sie grauenhaft deplaziert.

Typisch ist auch das Anschreiben von *heindaddeldu* (31), der sich um 00:07 zu folgendem Baggerversuch aufrafft: »hey hallo, lust zu schreiben? Würde mich wirklich sehr freuen. Lg« Es würde ihn freuen, ach nein. Aber er gibt ihr auch nicht den kleinsten Grund, sich auf ihn zu freuen. Genau so, nur etwas weitschweifiger, *new111* (35): »Hi, dein Profil gefällt mir und ich würde gerne etwas mehr über dich erfahren. Wenn du auch Lust hast mich etwas besser kennen zu lernen, würde ich mich über eine Antwort von dir freuen. Liebe Grüße« Was geht in diesen Köpfen eigentlich vor? Warum sollte diese Traumfrau darauf antworten?

brummi06 (34) versucht es anders: »Bin sehr liebebedürftig, kuschelbedürftig, vermisse die Zweisamkeit mit einer Partnerin an meine Seite, die mit mir Zeit verbringen möchte. Ich suche für eine lange und feste Beziehung.« Gut, er ist bedürftig und einsam. Soll sich *amourdeluxe* aus Mitleid mit ihm treffen? Vielleicht ist es für viele eine neue Information, aber Männer im Kriechmodus sind nur begrenzt attraktiv.

Kommen wir zum *Geheimnis,* dem Schlüssel für Erotik. Verbergen, Verhüllen und Andeuten. So wie ihr Foto und Text es vormachen. Dadurch entsteht dieses Prickeln. Wie prickelnd ist dagegen folgendes Anschreiben: »Hi, ich bin 31, Erdkundelehrer, mach in meiner Freizeit Geocoaching und möchte Dich gerne kennenlernen!« Oder das von *playboy26* (31): »ich heiße Wolle, und beruflich bei der Marine und wohne in Bremerhaven, fahre aber oft quer durch Deutschland um Freunde zu treffen :). In meiner Freizeit mache ich gerne alles was Spass macht, am liebsten spontan. Auch privat ziehts mich oft mal ›weg‹, gerne mal zum shoppen nach London o. ä. Wobei es mich bei längeren Urlauben immer ins warme zieht.« Wow. Aufregend! Ich spüre eine innere Erregung, die sich durch den letzten Teil des Briefes fast zum Orgasmus steigert: »Was machst Du sonst so gerne? Freue mich von Dir zu hören! Liebe Grüße« Ja, er ist lieb und nett, ganz bestimmt. Er ist nur im falschen Film. Denn Erotik geht anders.

Aber *amourdeluxe* ist gnädig. Sie gibt allen eine zweite Chance und fragt sie noch mal: »Und was hast du mir zu bieten?« Daraufhin herrscht Ratlosigkeit. »Blöde frage :P«, meint *Domreppo* (21). »meinst du Geld? Oder wie jetzt?«, fragt *somewhat666* (42). Die meisten antworten mit ängstlichen Gegenfragen: »was möchtest du?« – »Was ist dir wichtig?« – »In wiefern?« – »Was möchtest du wissen?« – »kommt drauf an wofür«. Irgendwie scheinen sie Angst zu haben, etwas

»Falsches« zu antworten, und hoffen auf Hinweise, damit sie auch ja nicht danebenliegen. *DennisXXL* (25) schreibt: »auf was legst du denn besonderen Wert? Und alles kann ich dir eh nicht erzählen, dann wäre es zu einfach. :)« Wie heißt es: Dennis ist kein Name, sondern eine Diagnose.

Theodorant (23) analysiert knallhart: »kommt drauf an auf was du wert legst. Dann kann ich dir sagen ob ich dir das bieten kann. Und sonst brauchen wir nicht weiter zu schreiben.« Als *amourdeluxe* darauf nicht antwortet, wird er immerhin konkreter: »von mir kannst du ne ehrliche Antwort immer erwarten und ich steh zu meinen versprechen. meine schwächen sind dass ich Frauen gegenüber zu schüchtern bin und dann anfange schnell zu reden, aber daran versuch ich zu arbeiten. wenn dir noch was einfällt was du so erwartest von deinem gegenüber dann raus damit«.

An alle Frauen in der Runde: Wer möchte diesen Mann treffen? Bitte melden!

Besonderes verheißungsvoll sind auch Antworten wie »Mich!« – »alles, was eine Lady braucht« – »Sex ;)« – »hast du wapp dann zeig ich's dir.« Oder das etwas trotzige »was kannst DU mir denn bieten?;-)«. Besonders sinnreich ist die Antwort von *Dschoi84* (29): »das ist schwer du hast dich schon bestimmt alles was du willst oder nicht?« Lieber *Dschoi*, wenn das so wäre – warum würde sie sich dann bei einer Singlebörse anmelden?

Die Männer wollen – aber sie können nicht. Sie sind hin- und hergeworfen zwischen ihrem Verlangen und ihrer Unzulänglichkeit. Hoffnungslos überfordert davon, einer erotischen Frau eine erotische Antwort zu geben. Es ist tragikomisch. So wie die Antwortversuche von *turan* (27). Obwohl *amourdeluxe* nicht mehr antwortet, versucht er es mit immer neuen Variationen:

turan06 **15:04:** was möchtest du denn?

turan **16:23:** Ich bin nicht perfekt aber ich hab noch nie eine Freundin gehabt die es ihr emotional was gefehlt hat

turan **17:24:** Was ich biete kann ich nicht in ein Satz erfassen

turan **19:07:** Man kann das bieten was man hat ;(

turan **20:50:** Was ist dir wichtig?

turan **22:34:** Die Sympathie und alles drum und dran kann man leider nicht mit schreiben raus finden!

Lieber *Turan,* kann man schon. Man kann mit bloßen Worten eine Frau in unendliches Verlangen stürzen. Lies doch mal, wie Cyrano de Bergerac das Küssen beschreibt. Keine noch so schöne Frau wird sich dem entziehen können.

Profil Bilder Nachrichten Matchings

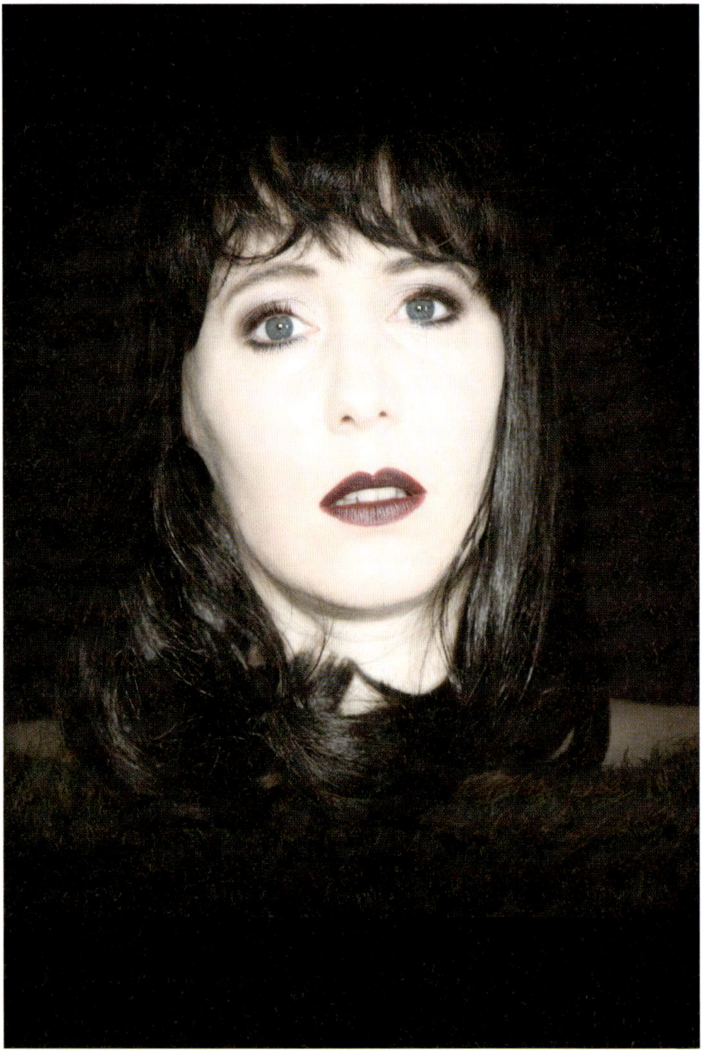

belledejour:
Die depressive Ästhetin

Persönliches Statement

Es gibt diese Tage, wo die Einsamkeit wie eine schwarze Spinne an mir hochkriecht.

Es gibt diese Tage, wo ich mir eine Louis-Vuitton-Tasche für 1200 Euro kaufen muss, um nicht zu sterben.

Es gibt diese Tage, wo ich durch die Deichtorhallen gehe und denke, was sind das alles für Untote hier in ihren Designerklamotten, wo ist das Leben, das richtige Leben?

Es gibt diese Tage, wo ich deine Zähne in meinen Ohrläppchen spüren will.

Es gibt diese Tage, wo ich in meine Lieblingsgalerie gehen und alle Bilder mit Säure bespritzen will.

Es gibt diese Tage, wo ich Ingeborg Bachmanns Tagebücher aus Rom lesen muss, um nicht grenzenlos zu verzweifeln. Malina. Erklär mir Liebe. Ohne Sorge, sei ohne Sorge.

Es gibt diese Tage, wo mich die Leute anekeln, die kein Geld haben, aber noch mehr die Leute, die Geld haben und sich darauf etwas einbilden wie auf einen dressierten Hund.

Es gibt diese Tage, wo jeder Regentropfen meine Haut aufreißt wie eine Wunde.

Es gibt diese Tage, wo ich deine Hände, deinen Mund, deinen Körper so nötig brauche wie ein Stück Brot im Winter.

Es gibt diese Tage.

Profil

Alter:	34
Größe:	1,72
Figur:	schlank
Augen:	blau-grün
Haare:	
Letzter Abschluss:	Hochschulabschluss
Sprachen:	Deutsch, Englisch, Französisch, Japanisch
Kinder:	Keine
Kinderwunsch:	Nein
Rauche:	Ja, gelegentlich
Metropolen:	Tokyo, Barcelona, Zürich, Kairo
Restaurants:	louis jacob
Reiseländer:	Island
Filme:	Bunuel, Tarantino, Lynch, Almodovar
Bars:	Ja. Sag mir deine.
Romantik-Tipps:	Romantik ist ein Kindermärchen.
Zeitschriften:	Ich lese Bücher.
Wellness-Tipps:	Wellness ist für gestresste Hausmuttis.
Fitnessclubs/Spas:	Fitness ist für Sportidioten.

benny-berlin (40): hallo! wer bist du denn?

EcceHomo (46): Französin!

BayIII (44): scheinst deine tage zu haben …*gg

stanley78 (35): dein statement und der rest deienr infoshaben einen sehr depressiven touch … uuiiui ;)

wildhorse (41): ui, dein profil gefällt mir grad sehr :-) i like. wie ist dein sonntag? alles schön? :-) sonnige grüße

TPynchon (43): Es gibt diese Tage wo der Font nicht von der Wand gerissen wird, sondern auf einem hochwertigen Druck auf Alu-Dibond an die Wand gehängt wird.

op4792 (45): hi, es giebt diese tage wo ich hier doch nicht verzweifle, um so etwas zu sehen und zu lesen. ganz großes kino…nicht schlecht…fragt sich nur warum so verbittert?, oder einfach nur den zeitgeißt auf geschnappt ich würder gerne mal ein paar Worte mit Dir hier wechseln, sich austauschen … lg

EinGrosserMann (42): aber es gibt auch andere tage. an denen die sonne die haut und alles im blickfeld mit wärme füllt. an denen auf einmal alles friedlich und harmonisch wird und ich mit der welt um mich herum im reinen bin. an denen sich sogar die schwarze spinne der einsamkeit in ein niedliches hundewelpen verwandeln kann. langweilig wär's, wenn alle tage so wären. aber es gibt sie.

flashgordon88 (34): Es gibt diese Tage, an denen ich mich frage, warum das geschriebene Wort mein Freund nicht sehr ist wer der von anderen – Chapeau für das Statement!

talisman81 (32): Hi, wie geht's Dir? Schönes Profil von Dir! :-) Suchst Du auch was Lockeres? LG Dirk

HaukePauke (35): es gibt tage, da habe ich teile meines lebens für mich eingekapselt und suche jemanden, der mit hineinwill. ich bin ein guter zuhörer, nicht nur mit den ohren. und ich komme nicht als plumpe sexmaschine angerauscht, dinge müssen sich entwickeln dürfen. würd mich freuen ...

igelsonne (38): Hallo ...... ich habe Dein Profil gefunden, und das hat mich neugierig gemacht. Hast Du Lust ein bisschen zu texten? Liebe Grüße :)

SEXist (37): Hallo »belledejour«, du siehst sehr sympathisch und hübsch aus, von mir volle 10 Punkte! Was hörst du denn so für Musik, und gehst du gerne in die Schanze? Melde dich doch mal bei mir ... LG

begehrtest (42): du ist sehr attraktiv ...

koelschejeck (31): du bist so wunderhübsch ... aber warum rauchst du? :-/ ?

greece-72 (41): Hammer Frau :-)))

Carsten_1984 (29): guten morgen! hast dich auch schon durch den schnee zur arbeit gekämpft? würde mich freuen von dir zu hören und kann dir natürlich auch fotos von mir zeigen, kann hier leider keine aus beruflichen gründen reinstellen. lg

EchterKerl (43): Hast du Schiss oder stehst du nur auf Brieffreund-schaften & Kurz Roman Autoren .... :-D
LG :-) 1.90 Kerl :-)

Mus-au-chocolat (39): habe das gefühl, dass du weißt, wie das wahre leben ist. es ist schon anstrengend, hier diese ewigen »hello-kitty-phantasien« erwachsener frauen zu lesen. meines erachtens gibt es nur schwarz oder weiß. und wenn's passt, dann passt's. bin leider auch schon viel zu viele kompromisse eingegangen …

Play-it-again (35): Es gibt diese Tage wo man froh ist ein Steak auf dem Teller zu haben und nicht an Ohrläppchen rumkauen zu müs-sen.

einfachgut (46):…wie ein Stück Brot im Winter ?Wie kommt es, dass ich jetzt im Moment an Bernd denken muß?

Depressionen müssen nicht stören beim Flirten

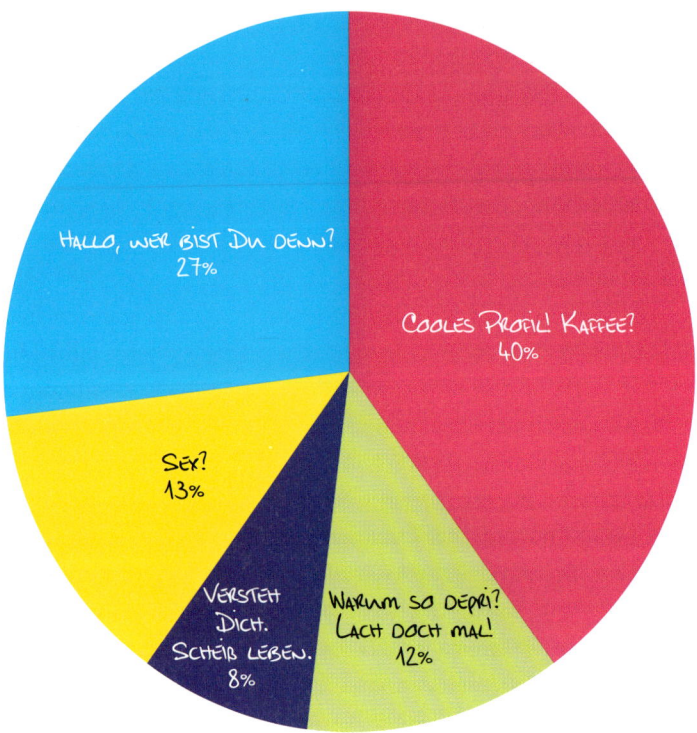

Dieses Profil lässt mich an der geistigen Gesundheit der Männer zweifeln. Warum kriegt sie so viele Zuschriften? Sie ist knalldepressiv (»… um nicht grenzenlos zu verzweifeln«). Sie ist gefährlich (»… wo ich alle Bilder mit Säure bespritzen will«). Und sie ist ein extremes Luxusgeschöpf (»wo ich eine Louis-Vuitton-Tasche für 1200 Euro kaufen muss, um nicht zu sterben«). Möchte irgendjemand ernsthaft 1200-Euro-Handtaschen für jemanden kaufen, der als Nächstes Bilder mit Säure bespritzt, um sich am Ende aufzuhängen? Ist das eure Traumfreundin?

belledejour bekommt nicht nur erschreckend viele Zuschriften; sie sind auch auf groteske Weise unangemessen. Beginnen wir mit einer Ausnahme. *gorillaz* (39) schreibt: »erlaub dir das mittelmaß – das heilt.« Sechs Worte, die kenntlich machen, dass er weiß, wovon sie spricht, und eine Idee davon hat, wie man damit umgehen könnte. Vergleicht das mal mit: »halli hallo schönheit, würde mich sehr freuen, wenn du dich mal meldest. ich möchte dich gerne kennenlernen. foto bekommst du auch bei interesse. Lg« Okay, *superheisser6* (48) hat da vielleicht nur auf Copy & Paste gedrückt. Bei *Krae1977* (35) ist man dagegen leider sicher, dass er ihren Text gelesen hat: »Moin Moin, Ich wollte dir mal ein Hola da lassen .hihi Dir noch einen schönen Sonntag oder Montag ;.) Bitte lache doch mal LG« Was für ein Ratschlag. Der Mann braucht eine Ratgeberkolumne in der Hörzu!

Oder hören wir uns an, was *derschlumpf71* (42) ihr zu sagen hat: »guten morgen.dein Text im Profil läßt einen nachdenklich machen. kenne das auch ....glg.« *derschlumpf71* kennt das auch. Deshalb hat er sich auch so genannt. *totalnormal* (39) bekennt: »mir gefallen deine Augen sehr .... deine Fotos…sind von einem Profi gemacht worden oder!!« Ja, das stimmt. Die Fotos zeigen eine Frau, die es versteht, sich zu inszenieren. *belledejour* fragt zurück: »deins nicht … oder?« Darauf ihr Verehrer: »hi hi hi..neeeeeeeeeee … das habe ich selbst gemacht und das sieht man auch!!!!!!!« Man sieht es. Er sieht es. Warum ändert er es dann nicht?

Auch *PlayerNRW* (36) hat ihr Profil gelesen: »Hi! Es gibt Tage da habe ich tierische Lust,so wie heute,und bei dir so? Lg« *belledejour* ist irritiert und antwortet: »Hast du mein Profil gelesen?« Darauf er: »Ich will ficken, du nicht?« Das Drama: Vielleicht würde sie auch wollen. Aber mit ihm?

onechance (37) ist besonders einfühlsam: »krabbelte dir

schonmal eie dicke schwarze Spinne hoch?« Das ist sein gesamtes Anschreiben. Eine Rückfrage auf ein Statement, welches mit dem Satz beginnt: »Es gibt diese Tage, wo die Einsamkeit wie eine schwarze Spinne an mir hochkriecht.« Aus dem Kriechen wurde ein »Krabbeln«. Und aus eine »eie«. Wenn *belledejour* das gelesen hätte, sie hätte nicht mehr gezögert, die Bilder mit Säure zu bespritzen.

Damit keine Missverständnisse aufkommen: Ich finde es überhaupt nicht schlimm, fröhlich zu sein. Oder sich nicht für Kunst zu interessieren. Oder in einem Datingportal eine Frau so anzuschreiben: »guten morgen ! es ist frühling, die sonne scheint, ich habe frei und ich habe lust auf eis und knutschen ! du auch ;-) lg« Aber ich finde es surreal und peinlich, eine Frau wie *belledejour* so anzuquatschen. Ich muss hier ausnahmsweise Herbert Grönemeyer zitieren: »Was soll das?« Wie es um das Urteilsvermögen dieses Mannes bestellt ist, lässt sich auch am Fortgang des Chats studieren. *belledejour* fordert: »beschreib dich mal«. Darauf er: »also beruflich verkaufe ich versicherungen, habe einen kleinen sohn, ein kleines häuschen, ich koche für mein leben gerne besonders für andere ;-) ich bin gerne draussen in der natur, ich mag austausch, habe viele freunde mit denen ich gerne alles mögliche mache ... von der kietznacht bis zum spieleabend ... ich gehe zur jagd und habe ein kleines jagdgebiet mit einer jagdhütte ;-) ich hoffe du magst fleisch ! joa ansonsten bin ich sehr ruhig und ausgeglichen aber keine schlaftablette ! ich bin ein typischer widder und mag alles was intensiv und leidenschaftlich ist ! küssen kuscheln und intensiven sex, wie ein essen sollte es sein und alle sinne berühren ... joa so in etwa ... und du ? willste ein bild ?«

Kleines Häuschen, Spieleabend, Jagdhütte. Fleisch, Küssen und Kuscheln. Kann man sich einen idealeren Partner für *belledejour* vorstellen? Und wie bringt man es mit einem so geringen IQ zu einer JAGDHÜTTE? Na ja, vielleicht ist es ja eher ein JAGDSCHUPPEN.

Arme *belledejour.* Sie ist ohnehin schon die unglücklichste unter allen Frauen hier. Und dann wird sie auch noch von den dämlichsten Männern angeschrieben. *Ken-is-King* spendet ihr folgenden Trost: »Diese Tage, die Du so poetisch beschreibst, sind wohl das, was ›Leben‹ bedeutet…Leiden, Lieben, Lachen. Hoffentlich kommt bald der Frühling!«

Das ist es. Die sogenannte Wettertherapie. Wenn erst wieder die Sonne scheint, kann sie Ingeborg Bachmann gegen Rosamunde Pilcher tauschen.

Auch Blitzmerker mit Migrationshintergrund fahren auf sie ab:

> **unespanol** (35) **08:52:** mfg jorge wie geht es dir?
>
> **belledejour 22:09:** beschreib dich mal
>
> **unespanol 22:12:** ich habe zeit und bin spontan dich ab zu hollen habe auto lass uns kaffe trinken mc donald .. da kanns Du deine reale beschreibung haben ..
>
> **belledejour 22.20:** jorge. du hast mein Profil gelesen. jetzt rate mal. glaubst du, das Angebot, einen Kaffee bei McDonalds zu trinken, reizt mich?
>
> **unespanol 22:21:** nein nicht wirklich, und was machen wir jetzt?

Das ist mal eine intelligente Frage. Vielleicht zu Burger King? Übrigens ist *Belledejour* ein Film von Luis Bunuel aus dem Jahre 1967, in dem Catherine Deneuve eine großbürgerliche Frau spielt, die Lust daran findet, sich erniedrigen zu lassen. Genießt vor diesem Hintergrund bitte diesen Dialog:

echolot (36) 11:06: Schönes Profil hast Du übrigens, endlich mal eine gebildete Frau hier. Ich finde dominierende frauen sehr interessant.

belledejour 11:20: glaubst du ich bin dominant?

echolot 11:28: Das kann ich nicht beurteilen, ich kenne Dich ja nicht weiter … Von der Ausstrahlung auf den Fotos würde es Dir aber stehen

belledejour 11:29: kennst du belledejour?

echolot 11:44: Habe gerade mal nachgeschaut – falls Du den Film meinst, interessant … – dann lieg ich nicht so falsch?

belledejour 11:51: kennst du den film?

echolot 11:57: Bisher leider nicht, französische Filme sind ja oft sehr gut – habe gerade mal die Story überflogen, hört sich gut an

belledejour 12:05: guck den film

echolot 12:06: Werde ich mal machen … und dann?

belledejour 12:07: dann weißt du was ich will

echolot 12:25: Habe gerade nicht so die Zeit den Film nebenbei zu gucken, aber noch eine andere Inhaltsangabe als die von Wikipedia gesehen – also eher in die andere Richtung, ok, ist doch auch gut! Konntest Du denn schon Erfahrungen in diese Richtung machen? Ich bisher leider nur ganz ansatzweise …

Wie sagt der Hesse: Schlimmä geht immä. *belledejour*s Marter findet ihren vorläufigen Höhepunkt im Dialog mit diesem Womanizer:

lasthope (38) 10:41: Es gibt Tagen an den ich ne Frau lecken möchte, doch keine möchte ..... lg

belledejour 11:16: dafür habe ich Verständnis

lasthope 11:17: wofür…das ich das möchte das keine Frau möchte;)

belledejour 11:17: was glaubst du?

lasthope 11:19: hmm das die Frauen nicht möchten ....;)

belledejour 11:20: eigentlich möchten das alle frauen

lasthope 11:23: ja eigentlich ....aber ich hab hier erst 3 dates gehabt…in ca 2 jahren ....keine gute quote oder?

belledejour 11:26: woran das wohl liegt?

lasthope 11:30: ja keine ahnung … ich bin ein hübscher und auch noch höffllich;)

Ich weiß nicht genau, was »höffllich« ist. Eine Mischung aus obszön und mitleiderweckend?

Sie ist kunstsinnig, literarisch gebildet und eine Ästhetin. Sie ist ziemlich attraktiv und zutiefst melancholisch. Und sie wird fast nur von absoluten Schwachköpfen angeschrieben.

»Hallo Sonnenschein,

süsse Bilder der reinste Hingucker;-)

einfach süss,sexy und umwerfend:-)

Bussi Jörg.«

Womit hat sie das nur verdient?

Sie sollte sich nicht auf Datingportalen herumtreiben. Ich fürchte um ihr Leben.

sweetsweetkiss:
Das unbedarfte Partygirl

Persönliches Statement

hey ihr süssen boys. wo seid ihr?

meldet euch asap!! hab heut noch nix vor ;)

ich mag gern shoppen, party …

hab keine lust hier den ganzen

kram auszufüllen … will einfach fun :o)

was geht ab? Wie hot bist du???

Profil

Alter:	22
Größe:	1,68 m
Figur:	schlank
Augen:	blaugrau
Haare:	platinblond, kurz
Letzter Abschluss:	Mittlere Reife
Sprachen:	Deutsch
Kinder:	Keine
Kinderwunsch:	Noch nicht
Rauche:	Ja, gelegentlich
Metropolen:	paris. möcht ich soioooo gerne mal hin
Restaurants:	starbucks, mmmh lecker!
Reiseländer:	französisch hahaha
Filme:	american pie O)
Bars:	Paris Bar!!!
Romantik-Tipps:	paris. palmen. Sonnenuntergang :o)
Zeitschriften:	??
Wellness-Tipps:	mit dir baden!

Profil   **Bilder**   **Nachrichten**   **Matchings**

flexibel84 (29): Lust einen zu trinken? hab langeweile

fux110 (28): Moin Moin wie geths dir???

butscher1985 (27): na sweety, bisschen fun haben?

rob66 (30): hey süße. tolles gesicht. schöne augen. top busen

topgun87 (23): Hi, ich will nur ficken, wäre das ok für dich?

rafaello (25): Wie magst Du am liebsten Sex,bestimmt anal;-);-)

kevin11 (31): hi süsse wie gehts gib nr hab fun

Carsten_1984 (29): guten morgen! hast dich auch schon durch den schnee zur arbeit gekämpft? würde mich freuen von dir zu hören und kann dir natürlich auch fotos von mir zeigen, kann hier leider keine aus beruflichen gründen reinstellen. lg

sesamstrasse (46):…suchst reifen…netten…süssen Mann ? meld dich …! bist ja ganz tageslichttauglich ....check :-)

timothy47 (29): Hey,…wollte mal reinschauen und ein hallo da lassen

EchterKerl (43): Naaaabend :-) Hast du Schiss oder stehst du nur auf Brieffreundschaften & Kurz Roman Autoren .... :-D
Bin kein Alter, Notgeiler Sack :-D
LG :-) 1.90 Kerl :-)

82

talisman81 (32): Hi, wie geht's Dir? Schönes Profil von Dir! :-) Suchst Du auch was Lockeres? LG Philipp

Anotherboy (23): hey wie gehts denn so? bock auf n bisschen fun? ;)

nimm18x5 (42): Lust auf Sex :-)) ?

Kungfu27 (27): Was willst du heute noch machen denn?

KaeseundSchink (50): Extrem!!!

Diabokuss (33): he sweet, wär auch wwm ne option?

Schupfnudl (32): hallöle bin beruflich in berlin aber könnte sofort

Dino-Rex (40): Einen schönen guten Tag
Bin der thorsten

Das grosse Missverständnis

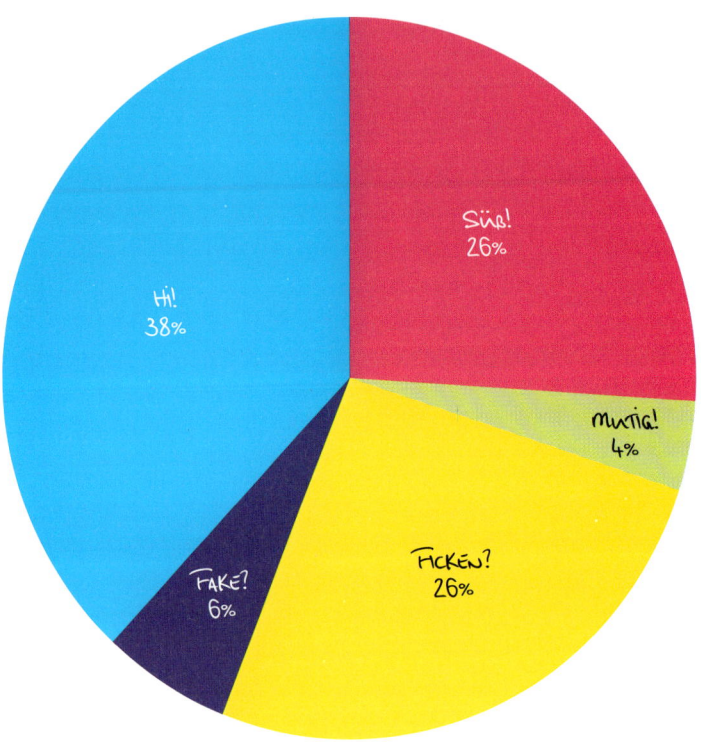

Ich mag *sweetsweetkiss*. Sie hat dieses Blitzen in den Augen. Sie fährt gern Achterbahn und isst Popcorn im Kino, sie mag fruchtige Cocktails und süße Jungs. Und wenn sie richtig süß sind, knutscht sie auch mit ihnen rum. Sie hat mit ihrer Freundin in Singlebörsen gesurft und sich Kerle angeguckt. Und dann haben sie spontan gemeinsam ein Profil für sie erstellt, um zu gucken, wer sich meldet.

Warum sehen die Männer in ihr eine sexgeile Schlampe, die es wahllos mit jedem treibt? Eine Prostituierte, die kein Geld will?

Ich habe auch Lust auf Sex. Aber auf keinen einzigen der Typen, die sich bei *sweetsweetkiss* gemeldet haben. Und das waren viele. Mindestens 30 am Tag. Keiner kommt auf die Idee, sie zu verführen, ins Kino einzuladen, in eine Bar, irgendetwas, das zu ihr passt. Alle gehen davon aus, dass sie ausschließlich Sex will. Und denken, dass ein Einzeiler ausreicht, sie ins Bett zu bekommen: »Na sweety? Bock auf Fun? Lg ;)« Anscheinend macht sich keiner eine Vorstellung davon, dass er mit hundert ähnlich stumpfen Gleichgesinnten konkurriert.

Immerhin, einige wenige Männer äußern sich anerkennend über das, was sie in ihr zu sehen glauben, wie *mofamann* (25): »Moin^^ bin jaa jetzt positiv vom statement usw. begeistert^^ du wirkst normal…und nicht so stockverschluckt wie manch andere hier ;)«. Oder *Ronnie_8805* (25): »das ist ja mal ein direktes Profil, aber gefällt, du sagst wenigstens ehrlich was du denkst. Traut sich ja sonst keiner …« Oder *anwalt72* (41): »himmel, was für ein profil! Kein großes gelaber um nebensächlichkeiten … diese paar sätze sagen doch vie mehr über dich!«

Vie mehr. Noch euphorischer ist *neubamberger* (34): »Ich bin gerade über dein ›Profil‹ gestolpert und muss sagen: WOW!!! :-) Du bist süß wie Baileys, scharf wie Wodka, prickelnd wie Sekt, exotisch wie Batida und hasut mich um wie ein Tequila.. Boom!«

Andere Männer reagieren misstrauisch bei so viel Lockerheit. Eine junge Frau, die Sex will? *Schoko-Borke* (27) spekuliert: »Fake, gell;-)« *McGuffin* (29) weiß auch, warum: »Nix für ungut, aber dein ganzes Profil ist doch sehr auf ›Sex‹ aufgemacht und da drängt sich mir die Frage auf ob du nicht einfach ein Fake bist! Beweis mir erstmal irgendwie das Gegenteil!« *Fakmi* (28) ist sich noch sicherer: »Du bist doch bestimmt in Wirklichkeit ein Mann, der nur wissen will, was für ekelhafte Nachrichten man als Frau bekommt, wenn man vorgibt auf

Sextreffen aus zu sein, oder?« Woher weiß *Fakmi,* wie eklig seine Konkurrenten schreiben?

Camillo66, 47 Jahre alt und damit mehr als doppelt so alt wie sie, baggert: »Hey Du süße Maus … ich bin hier :-) Wenn du genug abenteuerlustig bist, um es mit einem reifen und erfahrenen Mann aufzunehmen … dann bitte … ich kann auch ab mittags :-)«

Karamello (39) reichen vier Worte, um eine Schleimspur zu hinterlassen: »hübsche sexy leckere Ausstrahlung«.

look4u (29) verrät: »Mit dir hätte ich aber auch gerne mal ordentlich fun ;-)« Offensichtlich meint er gar nicht *fun* – sondern das andere Wort mit F.

LongusXL (44) schreibt um 23:11: »nicht dass ich dir zu altbin..smile.. hoffe dich reizen aktive männer.. sex am strand ist sooo hot … bin gut bestückt..;-))« Doppelter Zwinkersmiley. Geht es noch glibbriger? Ja. Zum Beispiel mit *Enrique* (37): »Ich lutsch voll gern … du auch?« Oder mit *Fingerjohn* (41): »Verzeih mir … Ich habe einfach Bock etwas zu ficken Ich lecke und fingere gerne. Massagen gebe ich auch gerne.«

Deuterium ist 43, und man ahnt, was er vorm Rechner tut, während er *sweetsweetkiss* Folgendes tippt: »bin ein dauergeiler bock, der frauen zum abspritzen bringt … hast du schon mal aus der möse gesquirtet … mag keine langeweile …« Ebenso *nimm18x5* (42), der verrät: »Ich lecker gerne, mag fisten und ffm.«

topgun87 ist zwar erst 23, aber er weiß: »ich glaube du bist noch nie gevögelt worden, du bist bestimmt noch jungfrau. Komm wir treffen uns und ich zeig dir was vögeln heißt.«

Vielleicht ist *sweetsweetkiss* nicht die Hellste, sie hat keinen Uni-Abschluss und möchte Spaß. Aber ist das ein Grund, sie mit obszönen Statements zuzuspammen? Adorno schrieb: »Liebe heißt, sich schwach zeigen zu dürfen, ohne Stärke zu provozieren.« Ausgerechnet *sweetsweetkiss,* die schwächste und mädchenhafteste Frau, legt die hässlichste Seite der Männer frei. Und wenn sie sich dagegen wehrt, reagieren die Männer aggressiv. *topgun87* erklärt, nachdem er eine Abfuhr kassiert hat: »vergiss es denn erstens bist du viel zu unerfahren und du hast zu kleine titten darauf steh ich nicht.« Und als sie den *testman* (26) auf seine zahlreichen Rechtschreibfehler aufmerksam macht, kontert er: »Bist du hier um die Leute zu dissen oder das zu machen, was in deinem profil steht?« Darauf sie: »was steht n da? da steht fun. Also Spaß. wieso denkt ihr typen alle, dass ich nur ficken will?????« Darauf er: »Haha OK, ich glaub ich las das mit dir. Eine Frau, die es jetzt auch noch leugnet warum sie sich hier angemeldet hat obwohl es eindeutiger nicht mehr im profil stehen kann, brauch ich echt nicht. Also viel Spaß noch kleines.«

Eindeutig. Lest das Profil noch mal – das Wort Sex taucht nicht einmal darin auf. Das erinnert an die Geschichte vom Psychiater, der einem Patienten einen Kreis, ein Dreieck und ein Quadrat zeigt, und der Patient immer nur »Vögeln« assoziiert. Auf die Frage des Psychiaters, ob er nicht etwas sexfixiert sei, antwortet er: »Na, wenn Sie mir nur so versaute Bilder zeigen!«

Ein regelrechtes Kunstwerk ist der Dialog, den *sweetsweetkiss* mit *Wrestler91* (22) geführt hat. Ich gebe ihn hier in voller Länge wieder:

Wrestler91 **19:24:** Guten Abend
sweetsweetkiss **23:51:** äh
Wrestler91 **06:59:** Ficken?

Bitte beachtet die Uhrzeiten.

Profil   Bilder   Nachrichten   Matchings

amaryllis26:
Die abgedrehte Esoterikerin

Persönliches Statement

Wenn der Tee in den Baum kommt
Fliegt der Vogel in die Hand.
Shüey Zhien, 4. Ming-Dynastie

Lang und kurz gestalten einander
Hoch und Tief verkehren einander.
Der Zwischenraum zwischen Himmel und Erde
ist wie eine Flöte.
Laotse, Tao-Te-King

Ich und Du. Wie in einem Spiegel. Wie in einem Grashalm.
Du – als spirituelle Gegebenheit, als mir Gegenüber seiendes, als in
sich Gekrümmtes.
Ich – als für dich Entschlossenes und Dir Geöffnetes.
Du – als mir Entgegenkommender und Springender.
Ich – als Blumenwiese.

Wo bist du?
Kommst du – zu mir?

Profil

Alter:	26
Größe:	1,56
Figur:	schlank
Augen:	blau
Haare:	schwarz, lang
Letzter Abschluss:	Fachhochschule
Sprachen:	Deutsch, Englisch, Chinesisch
Metropolen:	Kochi
Restaurants:	vegetarisch
Reiseländer:	Indien, China, Kambodscha
Romantik-Tipps:	Meditieren bei Sonnenaufgang
Zeitschriften:	Yoga aktuell
Wellness-Tipps:	Kloster in Tibet

Profil **Bilder** **Nachrichten** **Matchings**

SixpackPaul (35): Hallo amaryllis26, schönen Text hast du da gedichtet. Sowas kann ich leider garnicht.

WillSmith (39): also, ich wäre lang ....

cauboy (30): vermehrst du Amaryllis Pflanzen?

Carsten_1984 (29): guten morgen! hast dich auch schon durch
den schnee zur arbeit gekämpft? würde mich freuen von dir zu
hören und kann dir natürlich auch fotos von mir zeigen, kann hier
leider keine aus beruflichen gründen reinstellen. lg

ineedawoman (34): ich bin auch sehr spirituel … falls du das auch
wirklich bist :-)

hacki1982 (31): Hey, da es den perfekten Anmachspruch wahrscheinlich eh nicht gibt, sag ich erstmal Hallo und das ich dich
gerne näher kennenlernen möchte, da mir dein Profil zusagt.lg

Evandar (36): Sehr interessantes Statement. Bist du denn immer
so entspannt, wie auf dem Foto?

Zzzzzzz (28): Hi ;) Gefällt mir, dein Profil…und hübsch hübsch! Ich
such im Moment etwas Richtung »Casual Sex«, interessiert? Vor-
aussetzung sind natürlich trotzdem Sympathie und Respekt. Bin
da einfach offen, sorry, wenn das zu direkt ist … Freu mich über
Antwort!

Craig25 (25): Hey hi … adhyam yoga heisst es richtig … schon bild..kennst du noch viele..ohh sorry by the way ich bin ray…wurde gerne dich kennen lernnen..freue mich auf deine nachricht..l.g

Ducko (29): hey na du =) wie geht s dir ?

Karlsruhe_85 (28): Hey Amaryllis26, ich lasse dir mal einen netten Gruß da. Schöne Profilseite :-)) Vielleicht darf ich ja mehr über dich erfahren?

dropsi_j (36): hey amaryllis,
wie war dein WE?
Wetter war ja super oder? :-)

bluehobby (27): Hallo,
ich finde dein Foto wirklich gut. Was trägst du auf dem Kopf? Nur ein Tuch oder hat das kulturelle Gründe? Gruß bluehobby

KraxlerMax (28): Hi ;)

baerwurz (38): liebe amaryllis
ich bin dein eskimo

DonJohnson (31): wurdest du da grade zum mutterschiff hochgebeamt?

Was Männer überfordert

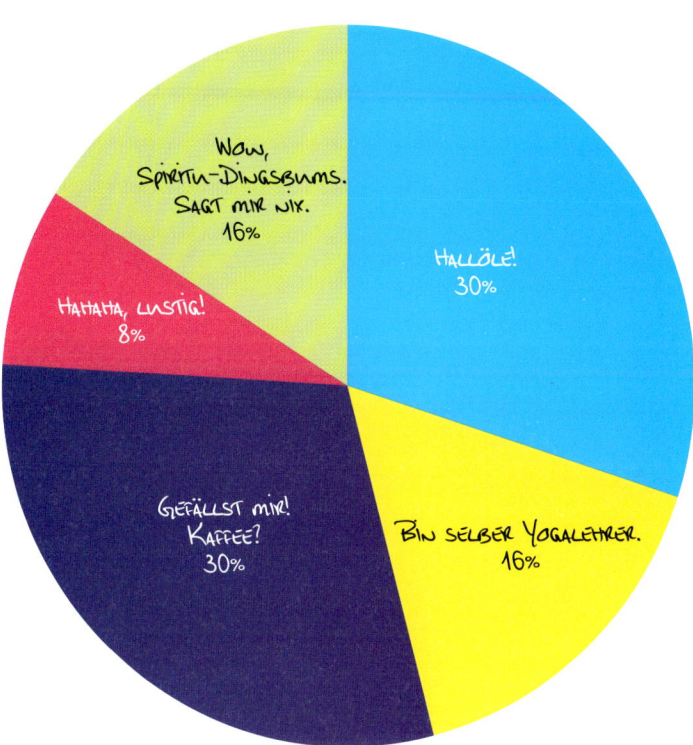

Männer achten nur aufs Äußere. Für sie muss eine Frau vor allem jung und schön sein. So das gängige Vorurteil. Bullshit. Hier ist sie: 26, schlank, wunderschön, auf der Suche nach der Liebe. Und bekommt wie viele Zuschriften? Wenige. Erotik macht Männer sprach- und hilflos. Aber Esoterik? Da hört der Spaß nun endgültig auf. Man mag es übrigens nicht glauben, aber das Zitat aus dem Tao-Te-King ist echt:

Lang und kurz gestalten einander
Hoch und Tief verkehren einander.
Der Zwischenraum zwischen Himmel und Erde
ist wie eine Flöte.

Flöte. Lang und kurz. Verkehren einander. Lauter subtile erotische Anspielungen. *JanBe* (26) hat das auch kapiert: »Was darf ich mir denn darunter vorstellen.. ;-)« Zwinkersmiley. Aber da ist er auch der Einzige. Auch ihren Satz »Ich – als für dich Entschlossenes und Dir Geöffnetes«, schon kaum noch subtil, greift niemand auf. *Basti2013* (43) scheibt sie stattdessen an mit: »guten Abend l. g. Basti.« *Nero* (37) verknappt das noch mehr: »Guten Tag.« Dagegen ist *Baba* (37) schon regelrecht redselig: »hi! Will nicht stören oder so.. finde dich süß und wich würd mich gern unterhalten, wenn's geht :-)«.
Tja – kann man sich mit einer Frau unterhalten, die sich als Blumenwiese bezeichnet? Und ihr Gegenüber als »in sich Gekrümmtes«? Und deren Motto lautet: »Wenn der Tee in den Baum kommt / Fliegt der Vogel in die Hand.« Nebenbei: Es gibt weder Shüey Zhien noch die 4. Ming-Dynastie. Und wie soll bitte Tee in den Baum kommen? Diesen blanken Nonsens habe ich mir ausgedacht. *Chillout83* (30) bemerkt davon nichts: »Hi, sehr schickes Foto und ein cooles Statement ;)« Cool? »Du – als mir Entgegenkommender und Springender.« Ich könnte mich darüber kaputtlachen. Im besten Fall ist es verunglückte Lyrik. Aber cool?
Es ist merkwürdig: Niemand vermutet ein Fake. Und niemand trifft ihren hohen, pathetisch-esoterischen Ton. »Wo bist du? Kommst du – zu mir?« ruft sie den Männern zu. Und *prinzenrolle* (33) antwortet: »Wow, jetzt würde ich auch mal gerne deine Augen dazu sehen, grins!« GRINS. Teenager-SMS-Sprache.

amaryllis26 lässt sich nicht irritieren. Sie schreibt jedem Mann zurück: »Mmh … hast du denn auch schon spirituelle Erfahrungen gemacht? Eva.« Jeder fünfte antwortet dann schon gar nicht mehr. Die Yogalehrer schicken ganze Abhandlungen. Die Standardantwort ist aber vor allem eins: windelweich. »Ob ich schon eine spirituelle Erfahrung gemacht habe oder dazu fähig bin, laß uns doch gemeinsam herausfinden!«, schreibt *fulda39* (39). *prinzenrolle* (33) drückt es noch kürzer aus: »hilfst du mir dabei, grins!« Er scheint zu glauben, dass man jede Nachricht mit dem Wort »grins« beenden soll. *bomberjohn* (45) versucht, das Ganze etwas herunterzuspielen: »hallo, ich denke schon. Was machst du denn sonst noch gerne in deiner Freizeit?« Auch *Amadamiamore* (37) ist eher zögerlich: »vieleicht ich weiß nicht so genau«. Und *Baba* (37) meint: »Nein, bin noch auf der suche … du?« Mit anderen Worten: *Ich kann mit deinem Esoterik-Quatsch überhaupt nichts anfangen, will dich aber unbedingt kennenlernen.* Wozu denn bloß? Glauben sie, so eine Frau sucht eine reine Sexbeziehung?

amaryllis26 ist aber nicht nur esoterisch, sie ist auch hartnäckig. Sie duldet keine ausweichenden Antworten:

Chillout83 (30): **15:04:** Hi, sehr schickes Foto und ein cooles Statement ;)

amaryllis26 **17:08:** ja? interessierst du dich auch für Spiritualität?

Chillout83 **08:26:** naja … weit gefecherter Bereich ;) ich interessiere mich schon dafür, bin aber kein großer Freund von Religionen.

amaryllis26 **14:49:** mmh … hast du denn schon spirituelle Erfahrungen gemacht?

Chillout83 **08:31:** Nicht direkt … und du?

amaryllis26 **08:55:** ja … jede Menge … natürlich … hast du diese Dimension nie vermisst?

Dann bricht es ab. *Chillout83* hat den Verstand eingeschaltet. *LovelyMe* (22) hält länger durch:

> LovelyMe **19:44:** Hey find dich sehr hübsch und ich würde gern die frau hinter dem bild kennenlernen und evtl kann man ja mal mehr miteinander unternehmen als nur zu schreiben
>
> amaryllis26: mmh.. hast du denn auch schon spirituelle Erfahrungen gemacht?
>
> LovelyMe **22:14:** Leider gar nicht :-) aber du darfst es mir gern näher bringen wenn du das möchtest :-)
>
> amaryllis26 **14:50:** darf ich? was reizt dich daran?
>
> LovelyMe **19:38:** Bisher noch nichts wenn ich ehrlich bin aber ich würds gern kennenlernen :-) erzähl mir doch aml mehr darüber bzw auch mal mehr über dich bevor ich mir sowas vorstellen soll :-) wie heißt du denn?

Nichts reizt ihn daran. Aber er würde es wahnsinnig gerne kennenlernen. Wie glaubwürdig ist das bitte? Einsamer Höhepunkt aber ist der Dialog mit *janekm* (28):

> janekm **13:23:** hi.ich bin janek.ich würde dich gerne kennenlernen. ich würde ich freuen auf deine antworten.grüsse janek
>
> amaryllis26 **20:01:** lieber janek, hast du denn schon spirituelle erfahrungen gemacht? eva
>
> janekm **20:03:** ja habe ich.warum?
>
> amaryllis26 **20:04:** das ist mir wichtig … berichte mir.
>
> janekm **20:07:** ich weit nich was damit meint?

Gut, man soll sich nicht über Janeks Migrationshintergrund lustig machen. Aber kennt nicht auch ein Osteuropäer den Unterschied zwischen Ja und Nein?

Übrigens, wenig ist ein relativer Begriff. *amaryllis26* hatte insgesamt immer noch über 70 Zuschriften. Ein guter Freund von mir, der ziemlich attraktiv ist, dazu witzig, klug, unterhaltsam, nur etwas klein, hatte in einem halben Jahr drei (3) Zuschriften. Das Leben ist ungerecht.

Profil Bilder Nachrichten Matchings

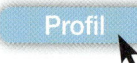

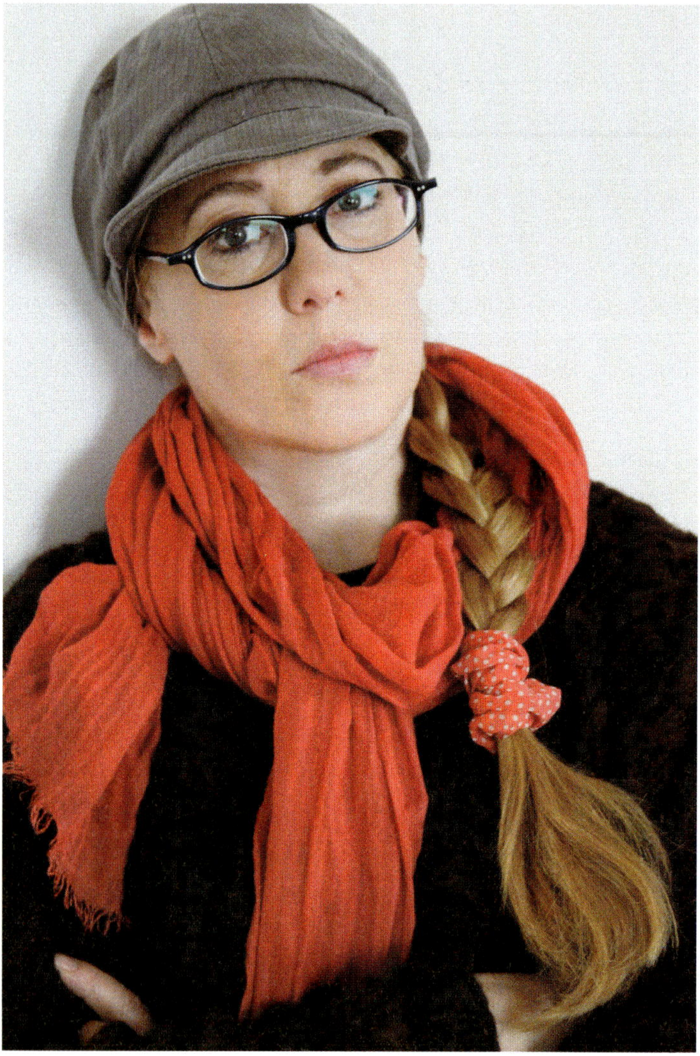

NeueBeziehung:
Die schlechtgelaunte Emanze

Persönliches Statement

Also vorweg: Angeber, Proleten, Ungeduschte, Machos, Chauvis, Ohrhaarträger, Potenzprotze, Wichtigtuer, Pseudo-Womanizer, Kleinstadtcasanovas, Harleyfahrer, Zotenerzähler, Stammtischplauderer, FDP-Mitglieder, BWLer und Umweltzerstörer brauchen sich gar nicht erst zu melden. Ebenso Typen ohne Fotos (schönen Gruß an Eure betrogenen Ehefrauen!) notgeile Spanner und Bildschirmonanierer.

Wenn du:
– reflektiert mit deiner Männerrolle umgehst
– beziehungsfähig UND beziehungsbereit bist
– verbal und emotional in der Lage bist, dich mit mir, meinen Ansprüchen und der Beziehung selber auseinanderzusetzen
– konflikt- und diskussionsfähig bist
– bereit bist, emotional, geistig und seelisch in die Beziehung zu investieren
– eine langfristige, nachhaltige und intensive Beziehung mit allen Krisen durchstehen und durchhalten kannst
– bereit bist, dich an der Beziehungsarbeit, der Hausarbeit und allen anderen Arbeiten angemessen zu beteiligen
– bereit bist, kritisch an dir selbst, deiner Person und deiner Beziehungsfähigkeit zu arbeiten

--- dann melde dich.

Profil

Alter:	31
Größe:	1,73
Figur:	schlank
Augen:	grün
Haare:	blond, lang
Letzter Abschluss:	Hochschulabschluss
Sprachen:	Deutsch, Englisch, Französisch
Kinder:	keine
Kinderwunsch:	Nein
Rauche:	Nein, nie geraucht
Umzug wegen neuer Beziehung:	nicht möglich
Metropolen:	–
Restaurants:	–
Reiseländer:	–
Romantik-Tipps:	–
Zeitschriften:	–
Wellness-Tipps:	–

   **Matchings**

synthese (32): kuckuck. ;)

magictongue (33): hey! schönes pic :-)
welche absicht treibt dich hierher? lg

Rainerzufall (33): Hallo und einen schönen guten Morgen wünsche ich dir! ich hab etwas überlegt wie ich dich anschreiben soll, da es sicher nicht einfach ist aus den vielen Zuschriften die du bekommst herauszustechen!

HenrySmart (31): Hallo, nettes Statement da ich nicht zu denn aufgezählten gehöre schreib ich dich mal an. Ich bin Johannes und würde mich freuen von dir zu hören.

Polo82 (31): Ich kann dein Statement gut verstehen man kommt sich hier vor wie ein Staubsauger Vertreter und man selber ist das Produkt ! Und die meisten Leute hier sehen das mehr als online Game ! Ich bin jetzt seit elf Monaten Solo nach Zehn Jahren und könnte nur Kotzen wie die Menschen heut zu Tag drauf sind das war mal anders !!!??

Kerzenlicht (41): Hört sich nach einer intensiven Neuen Beziehung an. Von den Typen die du aufzählst, würde ich auch eher Abstand nehmen. Noch nie habe ich hier eine so direkte Aufforderung zur Auseinandersetzung mit der Beziehung gelesen. Ich bin jedenfalls bereit und in der Lage mich mit mir und dir auseinanderzusetzen und zu schauen was dann passiert. Lass von dir hören.

JoJo79 (34): nimm doch mich .... ;-) Ok, ich studiere Diplomkaufmann. Aber für dich könnte ich in die NPD eintreten. Das wäre doch eine gute Möglichkeit.

sturmtiger (34): Hallo, habe gerade dein Foto gesehen, und finde es sehr schön! Du strahlst so eine Wärme aus, dass ich es nicht lassen konnte dich anzuschreiben. Vielleicht magst du auch mit mir in Kontakt bleiben? Würde mich freuen! Viele Grüße

runnerFFM (36): Hallo NeueBeziehung, warum darf Dein neuer Mann, kein FDP Mitglied sein und auch nicht BWL studiert haben? Nur so aus Neugierde …

Benziner (36): Hallo Neue Beziehung, ich finde dein Profil und dein Foto sehr nett und möchte dich gerne kennenlernen. Ich selber bin sportlich, mag den Stadtpark, lache gerne, fahre gerne an die Ostsee und bin gerne mit Freunden unterwegs. Würde mich freuen von dir zu hören.

Carsten_1984 (29): guten morgen! hast dich auch schon durch den schnee zur arbeit gekämpft? würde mich freuen von dir zu hören und kann dir natürlich auch fotos von mir zeigen, kann hier leider keine aus beruflichen gründen reinstellen. lg

godzilla88 (29): hallo…echt schickes bild von dir :) wie gehts dir was hast du am we so vor ?

ol-ly (38): Moin NeueBeziehung, So, ich habe dein Profil studiert und ich sage dir das deine Einstellung mich angeregt hat dir zu schreiben. nun bist du an der reihe und entscheiden ob wir uns näher Kennenlernen …

cannotstandit (28): Hi,
wow,your personal statement looks like a job offer. :-)
Ohrhaarträger, Potenzprotze,Zotenerzähler, Stammtischplaudere.
I cant understand these words.Would you be kind enough helping me?

Inbochum (32): Hallo meine??? neue Beziehung, ich bringe es einfach mal auf den Punkt. Du gefällst mir sehr gut. Und ich würde gerne mehr von dir erfahren. Ich möchte wieder blühen. Mark

Juan13 (45): na du,luat auf paar Zeilen? have a nice Day!

Was Männer sich gefallen lassen

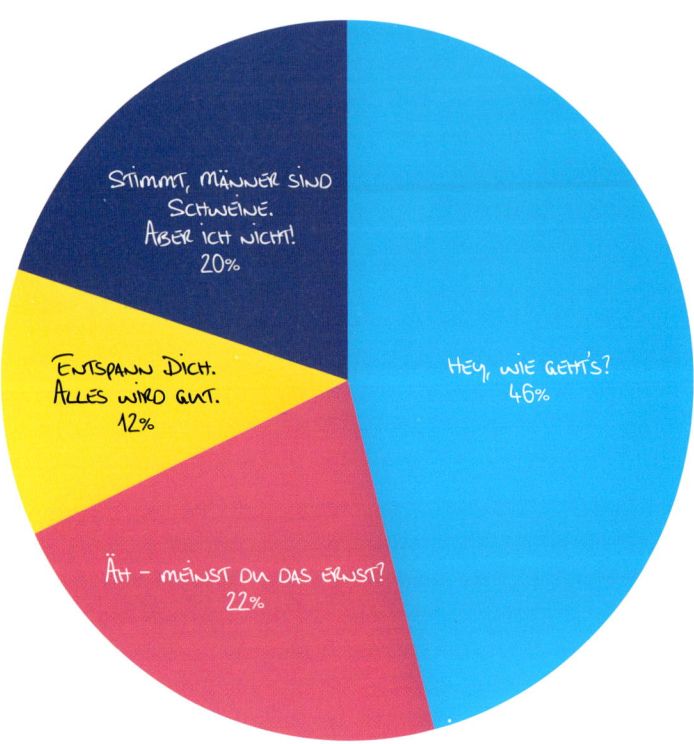

Dieses Profil ist natürlich eine Karikatur. Mit genervter Flappe blickt *NeueBeziehung* den Mann an, als läge bereits ein drei Stunden währender Streit über offene Zahnpastatuben hinter ihnen. Das Käppi in die Stirn geschoben, die Brille hängt auf der Nase. Fragen nach schönen Dingen wie Reisezielen, Bars oder Wellnesstipps beantwortet sie gar nicht. Dafür schließt sie in ihrem Profiltext erst mal 19 Arten von Männern aus, legt nahe, dass Männer entweder Idioten oder Schweine sind, um dann acht Forderungen zu stellen, die darauf hinauslaufen, Liebe als »Beziehung« zu definieren. Und Beziehung als »Arbeit«. Es geht ausschließlich um Krisen, Kritik, Auseinandersetzung, darum, was Liebe uns abverlangt, um ihre Schattenseiten. *NeueBeziehung* verheißt nichts, außer dass es anstrengend wird. SEHR anstrengend. Kein Mann macht so etwas freiwillig mit. Würde man denken. Stattdessen schreibt *Pokerface* (38): »Hallo, ich finde dich sehr sympathisch und würde dich gerne mal kennenlernen.« Und *Flensburgo13* (36): »Wollen wir ganz unkompliziert telefonieren, ohne vorher lange hin&her schreiben zu müssen. Ich hinterlasse dir meine Nummer & du rufst an. Das ist doch eine fantastische Idee, findest du nicht?«

Gut, die haben den Profiltext nicht gelesen. Und wie bei *belledejour* wirken die fröhlich-unbedarften Standardtexte hier besonders deplaziert. Aber leider, leider gibt es genügend Männer, die ihr Statement gelesen haben und dennoch interessiert sind! So wie *dieschoenstezeit* (34): »Hi NeueBeziehung! Finde Dein Statement klasse …! Stimme überein, dass es hier wenige Menschen gibt, die selbstkritisch sind und sich auch nicht festlegen können. Sicherlich muß man kompromissbereit sein und auch ein guter ›Anstoß‹ finde ich die Gleichberechtigung in einer Beziehung. VG«

Klar. Kompromisse sind wichtig. Noch bevor es losgegangen ist. Auch *gorillaz* (39) ist begeistert: »ich tick so ähnlich wie du, der text könnt glatt meiner sein und deine vermutlichen vorerfahrungen lassen sich easy auch mit frauen sammeln. ich will leben, lieben, vögeln, reisen, gut futtern, schlafen, quatschen, blödsinn machen, basteln, wieder vögeln und heftig ausgehn und und und…und mir fehlt die passende nervensäge dazu. du könntest das ersehnte potential haben.«

Wie in Gottes Namen kommt *gorillaz* darauf, diese spaßbefreite Frau hätte das Potenzial dafür?

Auch *giraffenOhr* (39) findet die Nervensäge offenbar attraktiv: »schönes Statement. Generell stimme ich Dir zu, ich suche auch jemanden der beziehungsfähig ist und nicht gleich bei kleinsten ›nicht-gefallen‹ einer Situationen seine Suche anderweitig fortsetzt.«

Mal ehrlich: Wenn dieses Statement »schön« ist – wie würde dann ein hässliches aussehen?

Immerhin – einige Männer wagen, ihr zu widersprechen. Wobei – widersprechen wäre zu viel gesagt. *Nordseehuene* (40) schreibt: »Du hast ja echt viel durchgemacht ......mein Beileid! Aber meinst Du nicht auch das deine Ansprüche sehr hochgeschraubt sind!« Nun, offenbar meint sie es nicht, sonst hätte sie ihren Text ja nicht so formuliert. *dergrossestier* (34) gibt vorsichtig zu bedenken: »Kann das sein, dass du deine letzte Beziehung noch nicht wirklich verarbeitet hast?« Und endet so: »Tip von mir: Manchmal ist doch weniger mehr.« Puh. Ein »Tip« gegen maximale Zickigkeit. So wird das nichts mit der Widerspenstigen Zähmung!

Aber *NeueBeziehung* ist es sowieso egal. Ob verbale Unterwerfung, zaghafter Widerstand oder fröhlicher Standardtext (»Hallo unbekannte Dame, magst Du erzählen, wo Du zuletzt im Urlaub gewesen bist? Über eine Antwort von Dir, freue ich mich sehr!«), sie antwortet in jedem Fall mit der Rückfrage: »Hast du denn Interesse an einer ernsthaften Beziehung?« Ohne Hallo, Dankeschön oder Gruß. Spätestens jetzt müsste ein Mann doch sagen: »Äh, hallo? Magst du mir vielleicht erst mal verraten, wie du heißt? Aber nein, keiner will sich einreihen in 2000 Jahre Patriarchat. Alle, alle sind bereit. »Hi, ja auf jedenfall. Für mich kommt auch nichts anderes in Frage«, schreibt *Benziner* (36). *Godzilla88* (29) gibt auch eine plausible Begründung: »ja denn was festes ist viel besser als dieses hin und her das will ich nicht«. Hin und her –

wer will das schon? *Directeur* (45) stellt eher seine persönliche Reife in den Vordergrund: »Ich hab jedenfalls kein Interesse an irgendeiner flüchtigen Affäre…aus dem Alter bin ich raus.« Na, ein Glück! *Flensburg013* (36) begründet es eher romantisch: »ich bin keine Maschine, habe auch ein Herz & wenn ich mich verliebe, denke ich nur an Sie !« Wow. Wobei ich persönlich mir kaum vorstellen kann, wie man sich in *NeueBeziehung* verlieben kann. Eher ökonomisch fällt die Begründung von *giraffenOhr* (39) aus: »ich möchte meinen Zeit nicht in etwas hineinstecken, in dem ich selbst schon keine Perspektive finde.« Sehr gut. Bloß keine Zeit verschwenden. Und bloß nicht als Macho dastehen! Das ist das Wichtigste. *dergrossestier* (34) bemerkt: »Einige Männer können oder wollen nicht verstehen, dass die Emanzipation in unserer Gesellschaftsform schon längst angekommen ist.« Nur – wo sind diese Männer? Wo sind die Chauvis und Potenzprotze? Warum schrieb kein Einziger einfach nur mal: *Hahaha?* Das hätte ich mir so sehr erhofft!

Am deprimierendsten fand ich die Antwort von *ol-ly* (38): »Natürlich suche ich eine Feste Beziehung, suche bestimmt kein Spaß hier wie andere meiner Gattung.« Wo kämen wir auch hin, wenn jemand Spaß mit seiner Freundin hätte? Das wäre ja Frauenunterdrückung pur!

Immerhin, EINER hat die männliche Ehre verteidigt. Mit einem verbalen Kraftakt. Und zwar *Martin82* (30): »Ich finde es schwer bereits nach der ersten Mail über Beziehung zu reden. Ich kenne Dich ja gar nicht.« Ein naheliegender Gedanke. Den leider nur Martin hatte. Verhaltenstherapeuten sprechen davon, dass man negative Verhaltensweisen nicht verstärken sollte, sondern zurückweisen. Männer – ihr habt versagt! Warum unterwerft ihr euch einer solchen spaßfreien Männerfeindin? So wird das nichts mit der glücklichen Liebe.

 **Profil** **Bilder** **Nachrichten** **Matchings**

Lavendelrausch:
Die romantische Lyrikerin

Persönliches Statement
wenn der wind
sanft
über meine haare
streicht
fühle ich
etwas warmes
in meinem
herzen
und ich heiße es
willkommen

bist
du
es?

lieben … lachen … in kissen liegen … lavendelduft … rapsfelder …
windmühlen … das hollandrad am wegrand … eine knorrige eiche
spendet kühlen schatten … sonnenlicht aus uraltem himmel … hermann hesse im rucksack … summende bienen … deine fingerspit-
ze aus gold auf meiner haut … musik wie von weit her … panflö-
ten … apfelblüten wie daunenfedern … tanzende schneeflocken …
salsatanzen nächtelang … ein alkoholfreier kokosmilchcocktail …

nur ein traum?
Oder du …
… schreibst du mir ein gedicht?

Profil

Alter:	29
Größe:	1,70
Figur:	schlank
Augen:	bernsteinfarben
Haare:	blond, sehr lang
Letzter Abschluss:	Hochschulabschluss
Sprachen:	Deutsch, Englisch, Französisch
Kinder:	keine
Kinderwunsch:	Ja!
Rauche:	nein, nie geraucht
Metropolen:	Venedig!
Restaurants:	italienisch … indisch … sinnlich …
Filme:	Chocolat
Nachtclubs:	??
Bars:	????
Romantik-Tipps:	die ganze welt ist romantisch … weizenfelder …
Zeitschriften:	landlust
Wellness-Tipps:	baden … haare kämmen … durch die natur laufen …

MeinNameistHase (31):
Ahoi, du bist eine Romantikerin durch und durch? :)

Highend (29): Mich hat es wegen dem Studium nach Stuttgart verschlagen. Eigentlich komme ich aus Tübingen! Inzwischen habe ich das Studium beendet und auch meinen Job hier gefunden, also erstmal in Stuttgart hängengeblieben ;-)
Und du so??

karate-edu (32): hallo :) ich war mal eben auf deinem profil und mir gefällt es echt gut. ich glaube du bist der stern in meiner nudelsuppe :D nagut, der spruch war jetzt nicht der beste ich würd dich aber gern mal näher kennenlernen. wenn du lust hast, darfst dich gern bei mir melden. Lg

tobimunich (32): auch interessiert an nem abenteuer? ;)
habe ne gute »ausstattung« dafür .... :P

the_only_29 (30): huhu

schnakki26 (27): hi du, ich bin beim stöbern über dein profil gestolpert und muss sagen, dass es mir (und du natürlich auch) sehr gut gefällt! Ich wollte dir einfach mal nen gruß da lassen und nicht grußlos wieder verschwinden :) wie gehts dir so? würd mich freuen mal was von dir zu hören, bzw. natürlich zu lesen :) liebe grüße

mullewutz86 (27): na wie war deine woche bisher? hast sie soweit gut rumbekommen? was hast jetzt für das lange wochenende alles geplant? wäre schön von dir zu lesen!

Carsten_1984 (29): guten morgen! hast dich auch schon durch den schnee zur arbeit gekämpft? würde mich freuen von dir zu hören und kann dir natürlich auch fotos von mir zeigen, kann hier leider keine aus beruflichen gründen reinstellen. lg

Dubistbudist (27): Hahaha super das ist ja geil. Ich hab mich grad gefragt was du für Gedichte bekommst. Hast du schon ein Best-Off? Könntest du mir die krassesten durchschicken? Ich finde das immer sehr köstlich. Vielleicht die besten 10? Als Gegenleistung würde ich mich hinsetzen dir ein Gedicht schreiben das es in sich hat. Deal?

Olaf48 (49): hi! hast du lust, dich auf einen 49jährigen, verh, sehr gepflegten manager einzulassen? lg olaf

teich77 (36): Hi, was machst du gerne in deiner Freizeit? LG

depechemodus (36): Wenn ich mich in den Tiefen Deiner Augen verliere fallen mir bestimmt viele Gedichte ein. Ich lese sie Dir dann vor, während wir auf einer Sommerwiese liegen..

playazz (25): ich liebe auch die natur, weizenfelder klingen toll. oder wie findest du ein picknick im erdbeerfeld?

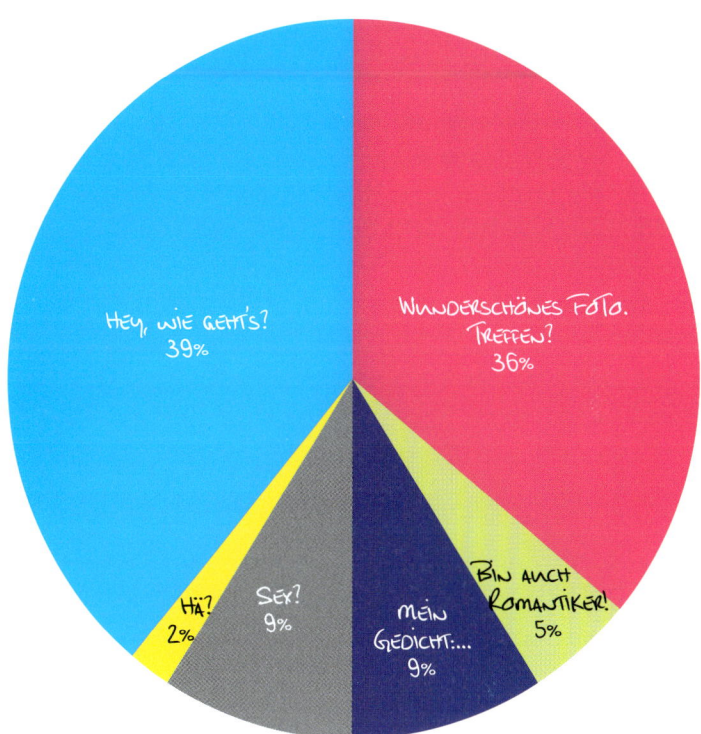

Da ist sie: Blonde Wallehaare, Blume in der Hand, altmodischer Hut, das Kleid lässt ein wenig von der Schulter frei, verträumt lächelt sie in die Ferne und empfängt den Besucher mit einem selbstgeschriebenen Gedicht und Fantasien darüber, wonach sie sich sehnt.

Und bittet den Mann, der um sie wirbt, um etwas: um ein Gedicht. Ich möchte mal eine Metapher aus der Fußballsprache wählen: Sie hat den Ball auf den Elfmeterpunkt gelegt. Ihr müsst ihn nur noch reinmachen. Das Tor ist 7,32 m breit und

2,44 m hoch. Zig Männer treten an. Aber neun von zehn schießen nicht mal Richtung Tor. Was seid ihr für miserable Spieler?

Sie wünscht sich ein Gedicht – warum schreibt dann fast keiner eins?

Und nein – mangelnde Übung und fehlendes Talent sind keine Ausreden. Denn mit ihrem eigenen Gedicht hat sie die Ansprüche denkbar niedrig gelegt. Es hat weder Reim noch Rhythmus, noch Metrum. Es sind nur zwei Sätze:

Wenn der Wind sanft über meine Haare streicht, fühle ich etwas Warmes in meinem Herzen, und ich heiße es willkommen. Bist du es?

Das hat sie klein und untereinander geschrieben. Das kann jeder.

Und mehr erwartet *Lavendelrausch* auch gar nicht. Warum also geben sich die Männer nicht die Mühe? Sie denken, es reicht zu schreiben: »hi hast du lust zu schreiben?« – »alles gut bei dir?« – »huhu magste schreiben?« – »Hallo wie gehts so? Hast du Lust zu schreiben?«

Und das sind schon ausführliche Texte. *Dolce Vita* (38) verkürzt auf »na hallo«. *deeepblue* (36) reichen sogar zwei Buchstaben: »hi«. Regelrecht geschwätzig ist dagegen *DerKater* (28): »Wuff! Also du gefällst mir sehr ;-) Kommst du ursprünglich auch aus Stuggi? Lg«.

Aber *Lavendelrausch* ist lieb, sie legt den Ball noch mal auf den Elfmeterpunkt, sie antwortet: »mmh … danke … und? schreibst du mir auch ein gedicht?«

Aber die Männer können oder wollen nicht verstehen. *eltorro* (26) antwortet: »eigentlich habe ich das nicht vor. warum?«

Warum ist eine gute Frage, *eltorro*. Offensichtlich ist sie total romantisch und möchte mit Worten bezirzt werden. Ist das so schwer zu kapieren?

JonasT (29) schreibt: »ich ein gedicht? Ich glaube, das willst du nicht wirklich ;) einen schokohasen kann ich kaufen ;)«

Zwei Zwinkersmileys. Ein Schokohase für drei Euro. Aber kein Gedicht. Drei Meter am Tor vorbei.

vodbbdr (29) meint: »nö. aber ich schreib dir gern, was ich mit dir machen würde;-)«. Weißt du was, *vodbbdr?* Das wäre eine super Idee gewesen. Als Gedicht!

klempi (26) ist entgeistert: »was? äh ne nich wirklich«. Darauf *Lavendelrausch:* »warum nicht? ich liebe schöne worte …«

Jetzt liegt der Ball bereits zwei Meter vorm Tor. Aber *klempi* schießt trotzdem drüber: »klar, wer nicht, aber für ne person die ich nicht kenne ist mir das zu viel energie«. Zu viel Energie. *klempi* – glaubst du wirklich, du kriegst so eine Traumprinzessin ohne jede Energie in dein Bett?

Männer können offenbar nicht nur gut zuhören, sondern auch sehr genau lesen. so *nicolas-m* (32): »hi mia :-) kenne leider keines außer dem von ede mörike: frühling lässt sein blaues band ……abe das kennst du ja sicher ….:-))« Darauf stellt *Lavendelrausch* fest: »ne.. ich hab ja auch was geschrieben … schreibst du mir was? ich mag schöne worte …«

Und was tut *nicolas-m* nun, nachdem Lavendelrausch ihm geschrieben hat, dass sie sich ein selbsterdachtes Gedicht wünscht? Richtig, er antwortet: »na gut ….dann mal los …. Frühling lässt sein blaues Band/ Wieder flattern durch die Lüfte; Süße, wohl bekannte Düfte/ Streifen ahnungsvoll das Land.« Und so weiter.

Aber es geht noch schlimmer.

Mit *Daniel_1977* (36): »Hallo Lavendelrausch, eher nicht. Aber könnte dir mal eine Kurzbeschreibung von mir geben. Ich wohne in Tuttlingen und arbeite dort als Abteilungsleiter bei einer Müllentsorgungsfirma. In meiner Freizeit spiele ich jeden Freitag Minigolf und wenn schönes Wetter ist bzw. ich

Zeit habe gehe ich Sonntags Bergwandern, da ich Samstags meinen Haushalt richte. Im Winter gehe ich anstatt wandern halt Skifahren. Stehe etwas auf Sport. Ansonsten interessiere ich mich noch für Satire, Kabarett, Geschichte und Architektur. Wenn du noch was wissen willst kannst du mich ja fragen. Jetzt bin ich mal auf deine Ausführung gespannt.«

Besonders mochte ich die Antwort von *urknall* (26): »ich kann keine gedicht schreiben xD … und es muss ja keine beziehung sein«.

Nein, muss es nicht. Nur, *urknall* – glaubst du, *Lavendelrausch* wird sich auf diese Nachricht hin mit dir für schnellen Sex verabreden? Bei 20 Zuschriften am Tag?

Natürlich muss nicht jeder Sinn für Romantik und Poesie haben. So als Minigolfer aus Tuttlingen. Aber kommt denn keinem dieser Männer der Gedanke, dass *Lavendelrausch* eventuell nicht die ideale Partnerin für ihn ist?

Fairerweise muss man sagen: doch. Einige brechen nach ihrer Bitte um ein Gedicht in monatelanges Schweigen aus – und das ist auch gut so. Denn bei manchen ist es wirklich schlimm, wenn sie anfangen zu dichten. So wie *rainbowfighter* (41):

Ich liebe es frisch gewaschenes Haar zu riechen.
Mich mit dir wenns regnet in eine sichere Hölle verkriechen.
Lass uns Tanzen die ganze Nacht.
Wenns kalt ist wärm ich dich, ich geb auf dich acht.
Gib mir die Chance dich live zu erleben.
Ich möchte die Chance bei dir nicht vergeben.

»Sichere Hölle«. Viele Beziehungen sind eine »sichere Hölle«, das ist korrekt. Aber ob *rainbowfighter* das so gemeint hat? Dabei ist es doch gar nicht so schwer. *Alkan* (35) zum Beispiel ließ sich Folgendes einfallen:

Wind spielt
keck mit deinen Haaren
lüstern schon
die laue Luft
ich liebe dich
von ganzem Körper
atme –
deinen süßen Duft

Das ist sehr kurz. Etwas unbeholfen. Und doch sehr romantisch. Wirklich schön ist das Gedicht von *wolkenatlas.* Er ist erst 27. Und ich finde, ein echter Poet:

und dort, auf dem land,
wo die weizenfelder so weit sind,
dass es jede sehnsucht nach freiheit stillt.
wo der duft der fichte die ganze luft erfüllt, wenn die
mittagssonne über den nadelwäldern hoch steht.
wo der kleine fluß so klar ist,
dass die wasserlilien ihren hals zieren.
wo die blumen die kniekehlen küssen, wenn man
barfuß die wiese zum haus entlang geht.
wo das leise summen der grillen der einzige laut in der
nacht ist, deren schmuck nur im unvergleichlichen
sternenglanz besteht.
dort steht die zeit still, da nicht die uhr, sondern nur der
eigene herz-schlag den takt bestimmt.
dort ist meine seele zuhause.

Das ist so ein Elfer wie von Andi Brehme im Finale von Rom 1990. Wie im Schlaf verwandelt. Unten links. Wäre ich *Lavendelrausch* – ich hätte mich sofort mit ihm getroffen.

Profil   Bilder   Nachrichten   Matchings

lauflisa:
Die fanatische Rennmaus

Persönliches Statement

Hast du Lust, Sonntagmorgens um halb sechs in die Joggingklamotten zu schlüpfen und einen Halbmarathon zu laufen – durch den Regen? Danach ne Runde Powerstretching? ICH LIEBE SPORT! Trainieren ist mein Leben :) Da bleibt nicht viel Zeit für rumsitzen und Kaffeetrinken! Ist es nicht herrlich, nach 25 Liegestützen völlig erschöpft auf den Boden zu fallen – 60 Sekunden Pause – und gleich weiter? Sofakartoffeln und Strandrumlieger haben bei mir keine Chance. ICH LIEBE MUSKELN! Und Männer mit Kondition :)

Beziehung heißt für mich: tagsüber zusammen trainieren. Abends völlig ausgepowert einschlafen. Und frühmorgens gleich die nächste Running-Strecke! Zur Abwechslung auch mal 100 Kilometer Radfahren. Hast du so viel Power? Dann bist du genau der Richtige für mich!

Profil

Alter:	33
Größe:	1,69
Figur:	athletisch
Augenfarbe:	blau
Haare:	hellblond, mittellang
Letzter Abschluss:	Mittlere Reife
Sprachen:	Deutsch, Englisch
Kinder:	keine
Kinderwunsch:	Später ja!
Rauche:	Nein, nie geraucht
Metropolen:	Sydney, Vancouver
Restaurants:	Hauptsache gesund!
Reiseländer:	Australien, Kanada
Filme:	Forrest Gump, Drachenläufer, Der Marathon-Mann, Lola rennt :-)
Nachtclubs:	Lieber trainieren!
Romantik-Tipps:	Skihütte
Wellness-Tipps:	Duschen!
Zeitschriften:	Runner's World, fit for fun, Aktiv Laufen
Fitnessclubs:	Die Alster!

Profil   **Bilder**   **Nachrichten**   **Matchings**

aud5 (38): halloooooooooo :-)

YourDream (27): heyy na du wie gehts dir??

Pixarus (24): Guten mögen :-))

Erdem (46): hallo schonon abend wie geht es dir? lg

ferhat (31): hallo,ich finde dich sehr schön, ich suche ernste beziehung .wie geht es dir ? lg

menssana78 (35): Sehr gute einstellung zum sport. SEHR GUT!!!

onlinefrosch (44): bock mich zu trainierrn?

gorillaz (39): warum nicht das gleiche pensum im bett .... :))

verylong (41): Hola, hört sich nach mächtig Spaß an mit dir. Bin für
einen Belastungstest zu haben :)

sensibär46 (47): habe immer lust zu joggen morgens gibt es aber
schönere dinge

Lookatme (47): lass uns anders in schwitzen kommen :-P
dein sport ist definitiv zu viel. wirklich :)

wellenschlumpf (37): nö. kannst du alleine machen. ich mache lieber was sinnvolles.

oleausberlin (45): Also wirklich. :-) Gibt es tatsächlich Männer die sich auf diese Ansage melden ??? Nicht falsch verstehen, ich finde deine Offenheit sehr ok, aber irgendwie auch beängstigend ;-)

WillBill (38): Seltsames Statement .... Du suchst also einen Mann, der sich Dir ohne Wenn und Aber komplett anpasst und DEIN Trainingsprogramm mit durchzieht? Wie stellst Du Dir das vor? Soll ein Mann sein eigenes Leben dafür aufgeben, nur um die ganze Zeit mit Dir zu trainieren? Unglaublich, was ihr Frauen manchmal für Vorstellungen habt! Viel Spaß hier noch. Bye.

SunnyBremer (38):…bist fleissig, wow!

ronnie73 (40): moin, alles im lot :-)? lg

themaster (42): schick … schick :-)

kalamata (45): Hallo Ich bin tunesier mann und wohne in Saarland in St. Ingbert
Ich suche neue nette Freundschaften
Ich wünsche dir die Erfolg und die Glücklichkeit !
Liebe Grüße !!

Die Running-Chip-Subkultur

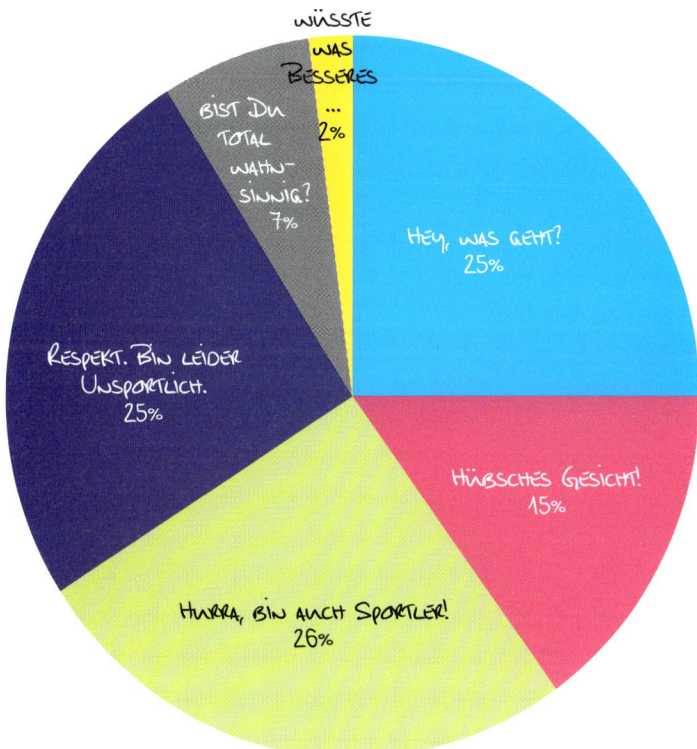

Das allererste Anschreiben, das ich als *lauflisa* bekam, ging so: »Das ist doch mal eine Ansage, sehr gut :-)) Das grenzt die Anzahl der Bewerber auf ein Minimum zusammen :-) Viel Glück!«

Oje, dachte ich, diesmal habe ich es echt übertrieben. Da wird sich niemand melden.

Der männliche Supersportler, der es mit Lisa aufnehmen könnte, wird problemlos überall Frauen finden, der sucht nicht per Internet.

Und welcher Normalsterbliche hat Lust, mit einer erbarmungslosen Sportfanatikerin zusammen zu sein, die den ganzen Tag trainiert und abends früh ins Bett geht, um am nächsten Morgen wieder zu trainieren?

Von wegen! Nicht-Sportler wollen Lisa. Und Sportler wollen sie erst recht. Und es sind jede Menge Sportler da. Und zwar Hyperaktivsportler wie Lisa:

athlet36 (37): hallo lauflisa :-)) du hast ein tolles Profil !! Ich denke wir haben einiges gemeinsam. Bin Triathlet und laufe demzufolge auch sehr gerne :-))

lauflisa: Marathon oder Halbmarathon?

athlet36: Beides! Geplant habe ich 2 Marathon 2 Halbmarathon 2 Mitteldistanzen Triathlon 1 Duathlon. Was sind deine Ziele ? Haste was geplant?

Äh, was sollte ich geplant haben? Ich schaffe es gerade mal, eine halbe Stunde zu walken. Der Nächste wollte es noch genauer wissen:

runsteady (35): welche Zeit läufst du beim HM?

HM – das muss Halbmarathon sein. Erst mal recherchieren. Was ist realistisch für eine 34-jährige Amateurläuferin?

lauflisa: knapp unter 2h … je nach Tagesform.. und du???

runsteady: Der letzte hella in diesem jahrwar 1:27. Aber von der fitness bin ich grad meilenweit entfernt … Hast du den alsterunning chip?

Den *was?* Was mochte das sein? Egal, ich antwortete:

> lauflisa: klaro
> runsteady: ja hab ich auch … find das ne klasse idee !

Bestimmt ist es eine tolle Idee – vor allem, wenn man zwei Marathon, einen Halbmarathon und einen Triathlon plant. Und nein, sie laufen nicht nur alle möglichen Runs und Wettbewerbe, sie spielen nebenbei auch noch Fußball, Eishockey, Tennis und Squash, machen Krafttraining und Karate.

Von Lisas unzähligen Bewerbern war jeder dritte ein Sport-Ass. Und niemand ließ sich von ihrem totalitären Sport-Ehrgeiz abschrecken – außer *weitweitweg* (34): »trainingstechnisch bin ich ganz bei dir. aber wo bleibt denn da die zweisamkeit und das genießen des wochenendes nach einer anstrengenden woche?« Sonst schien niemand auf diesen Gedanken zu kommen.

Die Hürde war offenkundig noch nicht hoch genug. Also legte ich folgendes Statement nach: »Das Schöne am Sport ist ja, finde ich, dass man sich dabei so schön auspowern kann! Und dann ist das, worauf Männer oft so abfahren, nicht mehr sooo wichtig … wird auch überschätzt, findest du nicht?«

Daraufhin stellten sich erst mal alle Männer dumm und fragten: »Worauf fahren Männer denn so ab? Ich versteh dich nicht ;-)«.

Lisa wurde noch deutlicher: »Also, ich persönlich finde Sport viel befriedigender als Sex … du auch?«

Und jetzt kam die nächste Überraschung. Wer nämlich geglaubt hat, Sportler seien irgendwie männlicher und selbstbewusster und würden Lisas Sport-statt-Sex-Theorie zurückweisen, den muss ich leider enttäuschen: »Jetzt wo du es sagst!! Irgendwie schon.« – »Genau, wenn du das so siehst, ist das wohl so ....« – »ja, da gebe ich Dir absolut recht Lisa. Wird absolut überschätzt«.

menssana78 (35) weiß sogar, warum: »also wenn man eh schon total ausgepowert ist, muss man nicht auch noch sex haben. Und wenn, dann heisst es das man nicht richtig gepowert hat. ;-)« Grandiose Logik! Mal ehrlich: Wer möchte denn ernsthaft mit einer Frau zusammen sein, die auf Sex gerne verzichtet, weil sie lieber den ganzen Tag trainiert?

Statt darüber nachzudenken, stellen sich manche lieber nachhaltig dumm: »Es tut mir leid ich denke die frage ist gerade so direkt das ich nicht mal die Antwort kenne«, meint *Elbfischer123* (30). Nicht mal er? Wer denn sonst? Etwas traurig fügt er hinzu: »Gedanken gemacht habe Ich mir auch keine darüber.«

Generell scheinen sich Männer beim Internetflirten sehr wenig Gedanken zu machen. Die Devise der meisten ist: Besänftigen, ablenken und hemmungslos weiterbaggern: »kann man(n) so oder so sehen ...): Aber wahrscheinlich hast Du recht ... Wollen wir uns denn einmal verabreden ?« – »Ja genau so sehe ich das auch und was für Fitness machst du so am liebsten? Woher aus Hamburg kommst du denn her?«

Oder, in einmaliger Vollendung: »ja, natürlich, du bist sehr schön, warum du bist noch single?«

Mit so wenig ließ *lauflisa* sich aber nicht abspeisen. Hier ihr Dialog mit *Erdem* (46):

lauflisa: Sex wird auch überschätzt, findest du nicht?

Erdem: icj icbh bin auch selber meinung .... sagmall welche ecke bist du?

lauflisa: du bist derselben Meinung?

Erdem: nein so meine ich ja nicht :-)))) aber männer ist ja mehr

lauflisa: Männer ist mehr?

Erdem: ja

Hier kommt die knallharte Statistik: Mehr als die Hälfte der Männer wanden sich in »Das ist doch beides wichtig und schön, Sport genau wie Sex«-Erklärungen. Jeder Sechste stimmte vorbehaltlos zu. Jeder Zehnte versuchte abzulenken. Und nur jeder Zwölfte legte vorsichtigen Protest ein: »Vielleicht waren deine Partner nur falsch schon daran gedacht ?« – »Bist du vielleicht mal verletzt worden und hast eine gewisse Ersatzbefriedigung im Sport gefunden??«

Der Einzige, der wirklich Widerstand leistete, war mal wieder *weitweitweg*: »ganz klar – NEIN! es sind zwei unterschiedlich dinge und überhaupt nicht vergleichbar.«

Sportler haben nicht mehr Eier in der Hose als Normalsterbliche. Dafür haben manche von ihnen ein ganz besonderes Verhältnis zur deutschen Sprache:

lauflisa: Sport ist doch viel befriedigender als Sex, findest du nicht?

spreeboy87 (36): sagen wir es mal so,, nicht immer

lauflisa: ???

spreeboy87: was ich sagen wollte, ist das sport nicht immer befriedingedner ist..

lauflisa: befriedingedner??????

spreeboy87: moin, wow was für ein wort,, habe ich auch eben gemerkt.. sry :-)

Auch für *iTouchU* (43) ist das Wort ein Hindernislauf: »Wenns nichts schöneres gibt als den Partner, dann ist Sex wesentlich befireidgender …«

Bleibt etwas unbefireidgend. Es gibt aber auch wahre Poeten unter den Läufern:

> lauflisa: Läufst du auch so gerne?
>
> Elbfischer123: Mag es nicht zu Lügen Damit jemanden zu beeindrucken Ich wohne zwar am Strand laufe. Aber nicht vielleicht hin und her

Nicht vielleicht. Wie schön. Don't be a maybe! Auch *TomTomm* (43) aus Celle pflegt seinen ganz besonderen Jargon: »aber ich glaube, Du sucht einen Mann wie die Form von naja, kein Fett ala ein Athlet der besonders auf kein, nicht wenig Fett, legt.«

Ist das jetzt mehr von Peter Handke inspiriert? Oder von Sibylle Lewitscharoff?

Und dann gab es noch die anderen Männer. Die normalen, die sich nur in ihr Lächeln verliebt hatten und denen nichts übrigblieb, als sich kleinlaut zu ihrer Unsportlichkeit zu bekennen:

> lauflisa: Läufst du jetzt oder nicht???
>
> Lookatme (47): nur dem bus oder der bahn hinterher. wenn ich überhaupt mal die öffis nutze :) ganz ehrlich: nach 200 metern jogging kippe ich tot um. luftnot ^^
>
> lauflisa: dann bist du nix für mich. Ich such nen trainingspartner.
>
> Lookatme: ich weiss das doch. alles gut :)
>
> lauflisa: :) fang mal an zu laufen, tut dir gut!
>
> Lookatme: ja, aber was sagt meine plastik herzklappe dazu?

Sportler sehen bestimmt besser aus. Aber die Selbstironie der Unsportlichen hat auch was. Besonders für eine Sofakartoffel wie mich.

Profil Bilder Nachrichten Matchings

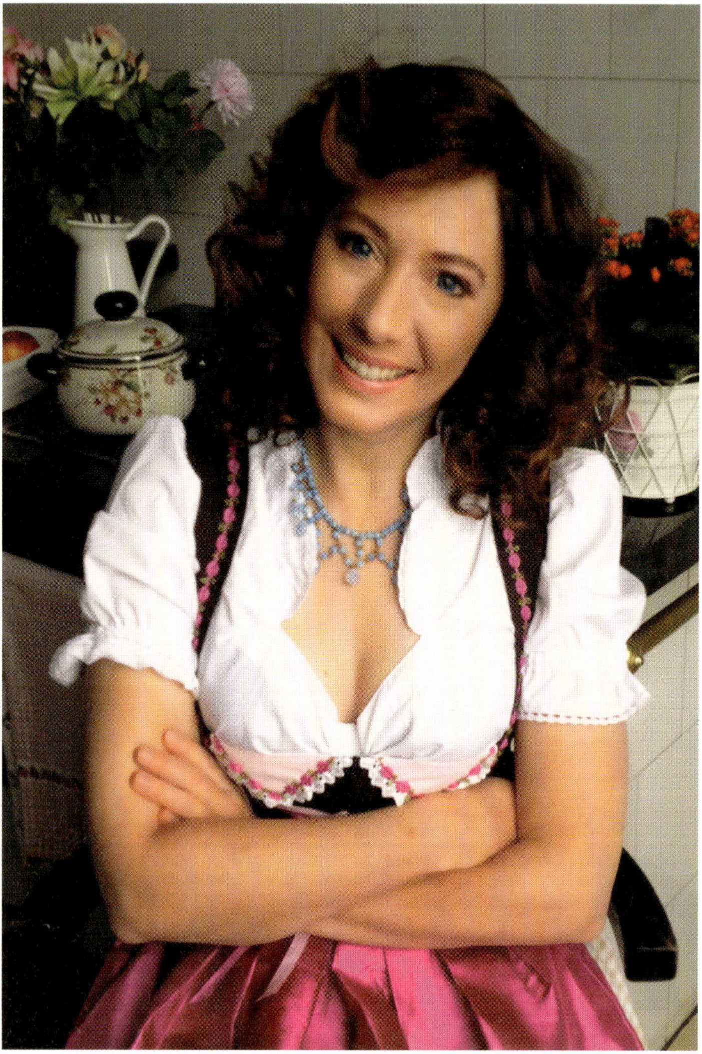

Dirndlmarie:
Das spießige Landei

Persönliches Statement

Ich mag:

– Andy Borg
– Rindsrouladen mit Salzkartoffeln und brauner Soße
– Schäferhunde
– Stammbaumforschung
– Wandern im Thüringer Wald
– Zeit mit meinen Eltern verbringen

Ich kann:

– kochen und backen
– stricken und sticken
– tüchtig zupacken

Ich suche einen gestandenen Mann, der

– weiß, was er will
– gerne Hundezüchter
– ab 1,85
– gesund und stark
– gerne Bundeswehr, Polizei, BGS, oder Landwirtschaft
– sehr gerne Jäger

Ich möchte:

– einen großen Garten
– einen Rauhaardackel
– Vollhausfrau sein
– sehr viele Kinder!

Was ich gar nicht mag:

– Vegetarier
– Moderne Kunst
– Fernreisen
– Frauenquoten

Profil

Alter:	28
Größe:	1,61
Figur:	normal
Augenfarbe:	blau
Letzter Abschluss:	Mittlere Reife
Sprachen:	Deutsch
Kinder:	keine
Kinderwunsch:	Ja!
Rauche:	Nein, nie geraucht
Metropolen:	München
Restaurants:	Gemütliche Gasthäuser. Gutbürgerliche Küche.
Reiseländer:	Österreich
Filme:	Ich gehe nicht oft ins Kino. Vielleicht mit dir?
Nachtclubs:	???
Bars:	Unsere romantische Terrasse bei Kerzenschein
Romantik-Tipps:	Bergwandern
Zeitschriften:	Mein schöner Garten
Wellness-Tipps:	Skifahren – danach ab in die Sauna!
Fitnessclubs/Spas:	Brauchen wir sowas?

Profil   **Bilder**   Nachrichten   **Matchings**

schupfnudl (33): guten morgen

Nero (37): Guten Abend

Unvollkommen55 (42): Süß!

MarioS (33): Super

breezn4u (44): du bist top!

SeppMuc (42): servus , wow , bist du eine fescheeee

caprisun (35): der dirndl steht dir echt gut

SupperUlli (32): Hallo Sonnenschein, süsses Bild der reinste Hin-gucker;-) bei dir kann man(n) nicht widerstehen,einfach süss,sexy und umwerfend;-) Bussi Ulli

waldemar81 (32): hi großen garten hab i bin aber leider kein jäger

wosndes (35): Hallo Marie,fesch bist im Dirndl! Du magst Hunde!!Ich hab einen Labrador..Die Luna.Lg Xaver

jazzma74 (38): Lust auf einen kleinen »kennenlern« – Chat ;-)

Spezl76 (36): Hi Dirndlmarie,
würd' Di gern a wengal bessa kenna lerna.
Vorab a wengal mehra zu mia selba …: Bin a waschechta boar,

steh im lebn, mach mei Arbat, spui Musi, mach fui mid meine Kids und meim Hund. Zu meine Hobbies g'hern u.a. Motorradlfahrn und in'd Berg geh. Soweid a moi zu mia.

Host ja selber scho a weng eine g'schriebn in Deim Profil, wos'd gern machst. Dad aba gern a wengerl mehra vo Dia erfahrn … Drau Di und schreib ma zruck ;-) Gfrei mi scho auf a Antwort vo Dia. IG

Kuscheljoe **(37):** Bist ja ganz hübsch aber andy borg ? …

MisterProper **(31):** Was stört Dich denn genau an Vegetariern? :)

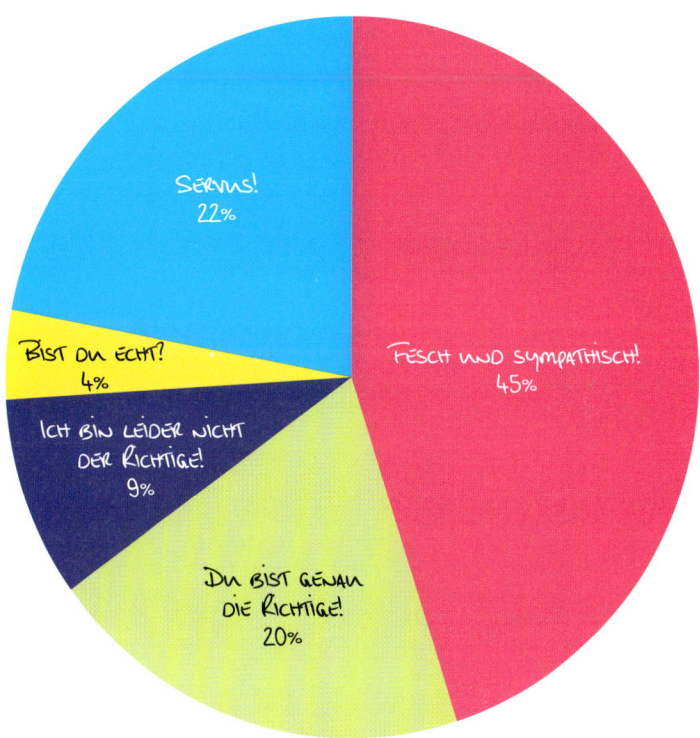

Eigentlich wollte ich nur dieses Dirndl anziehen. Der Rest ergab sich dann von selbst – Andy Borg, die Rindsrouladen, der Thüringer Wald und der Bundesgrenzschutz.

Ich hatte riesigen Spaß, das Klischee auszureizen – und war mir, als ich das Profil online stellte, absolut sicher, dass die Männer es entweder als Fake erkennen oder mit Hohn und Spott überziehen würden.

Es kam anders.

Dirndlmarie bekam unglaublich viele Zuschriften. Viele mit hemdsärmeligem Humor, manche im bayrischen Dialekt, alle mit Hochachtung und Bewunderung.

Und gerade ihre traditionell-konservative Mentalität trifft auf uneingeschränkte Begeisterung: »Ich wollt dir eigentlich nur sagen, dass ich deine Einstellung gut finde.« (*ballaba*, 27) – »Was für ein äußerst sympathisches Profil man da unter diesem hübschen Bild lesen darf ...« (*wilderkerl*, 30) – »Na Du bist aber echt ein seltenes Exemplar Frau :-) Rouladen und Stammbaumforschung! Find i klasse! :-) Nur über den Borg sollten wir diskutieren ... hihi ... Grüsse ausm Woid!« (*dagldum*, 44).

Ich erinnere: Sie lehnt nicht nur Frauenquoten ab, sondern auch Fernreisen. Sie will höchstens mal nach Österreich und möglichst viel Zeit mit ihren Eltern (!) verbringen.

Dennoch bekommt sie nicht nur viele, sondern auch viele ernstgemeinte Zuschriften, regelrechte Bewerbungen: »Guten Tag, liebe Marie. Ich weiß ich nicht, ob ich mit ›Du‹ oder ›Sie‹ anreden soll? Ob ich mir das ›Du‹ erlauben darf? Ich tue es jetzt einfach mal und hoffe, Du bist mir nicht böse. Ich habe mir Dein Profil angeschaut und würde Dich sehr gerne kennen lernen, denn Du machst einen liebenswerten Eindruck.«

Du oder Sie? *Gentle-Man* (43) will nichts falsch machen. Und beschreibt anschließend ausführlich seine Person, seine Interessen, sein Leben und wie er sich eine Partnerschaft vorstellt. Vollendet höflich, freundlich und verbindlich. Ein wenig augenzwinkernd, aber ebenso ernsthaft meldet sich *Traumbursche86* (27): »Servus Dirndlmarie! Ich möchte mich gerne auf die freie Stelle in Deinem Herzen bewerben! Wie ich Dein Profil so durch las, wurden meine Augen immer größer und der drang Dir zu schreiben immer mehr! :-) Ich habe ne kleine Landwirtschaft und gehe leidenschaftlich gerne auf die Jagd.

Das einzige, das an meiner Seite noch fehlt ist eine Frau, wie
Du es bist! Liebe Grüße!«

Dieser Mann meint es nicht nur ernst – offenbar ist er wie für
sie geschaffen. Wie auch der folgende Dialog zeigt:

Dirndlmarie: Lieber Christian, das klingt ja in der Tat alles sehr verlockend! Wie schaut's denn bei dir so aus – willst du denn auch mal
eine große Familie gründen? Denn deswegen bin ich hier!

Traumbursche86: Ich bin selbst aus einer relativ großen Familie,
habe fünf Geschwister und bis vor ein par Jahren wohnten wir
noch zusammen mit Oma, Opa, Uroma und meinem Onkel zusammen auf dem Hof. Also sprich ich habe überhaupt kein Problem mit
einer großen Familie. Wie kommst du darauf auch nach nem Land-
wirt bzw. Jäger zu suchen?

Dirndlmarie: Weil ich auf dem Land leben möchte!

Traumbursche86: Das ist natürlich verständlich, dann musst du zu
mir kommen an den Rand des Algäu's! :-) Wunderbare Landschaft,
große Gärten und nur nette Leute! ;-)

Oje. Da wurde mir schon schwer ums Herz. Das wäre die
Richtige für ihn gewesen – wenn es sie denn nur geben würde!

Schnell geht es in den Dialogen bereits um die Modalitäten
der Hochzeit:

Willi78 (35): Möchtest du auch ml heiraten? Und wie?

Dirndlmarie: Na, in der Kirch, was dachtest du denn?

Willi78: Kirch is ja eh klar … aber groß, oder eher klein? Mitm Dirndl
oder eher in Weiss?

Dirndlmarie: Oh, in Weiss! Und ganz groß! Da müssen wir schon
alle einladen!!!!

Anscheinend weiß sie nicht, was das bei *Willi78* bedeutet:

> Willi78: Ich hab da schon eine große Verwandtschaft…und dann alle Vereine…Trachtenverein, Feuerwehr …
>
> Dirndlmarie: Das ist doch ganz wunderbar! Wo ist denn das Problem?
>
> Willi78: es gibt kein Problem…möchte ja sowas auch groß feiern…dann sollten wir uns nur noch zusammentun … In zwei Wochen heiratet mein älterer Bruder, trauzeuge bin ich. Sind deine Geschwister schon verheiratet?

Was macht moderne Beziehungen so krisenanfällig? Dass sie sich nur um sich selber drehen, um die emotionalen und sexuellen Erlebnisse, die sie uns verschaffen – oder eben auch nicht. *Dirndlmaries* Modell dagegen verheißt Stabilität: zusammen eine Existenz gründen, mit Haus, Hof, Garten, Kindern und Tieren. Mann und Frau sind nicht zwei autarke Wesen, die sich jederzeit begegnen und wieder trennen können.

Nein, sie sind grundverschieden und damit wechselseitig voneinander abhängig. Er wird den Acker bestellen, den Trecker reparieren und jagen; sie wird kochen, stricken und die vielen Kinder versorgen.

Es bleibt nur ein Problem: was ist mit den Verheißungen der Moderne – mit aufregender, variantenreicher Sexualität? Will diese Frau etwa nur Sex im Dunkeln unter der Decke?

Einer traut sich, das Thema anzusprechen:

Schupfnudl (33): ich mag Frauen die klassische Werte mögen und ich bin auf dem Dorf aufgewachsen und mag ne Familie im Grünen gründen … ich such ne frau mit verstand und humor die vernünftige Ansichten hat. Allerdings sollte sie auch nicht langweilig oder prüde sein. Llebe Grüße, Kurt

Dirndlmarie: Hallo Schupfnudl, das finde ich schön, was du mit den klassischen Werten schreibst … aber was meinst du mit »langweilig und prüde«?? Lieben Gruß Marie

Schupfnudl: Hallo Marie, ja die klassischen Werte schätze ich sehr und ich liebe Frauen mit Humor und Anstand. Naja aber total langweilig sollte die Dame auch nicht sein und gerne Genuss mögen. Allerdings sollte sie nicht prüde sein und eben gerne und toll küssen und auch körperlichen Spaß nicht nur daheim ausüben wollen. Naja und auch nicht ausschließlich in der Missionarsstellung Liebe Grüße, Kurt

Hmm, ich glaube nicht, dass ich prüde bin. Und »nicht ausschließlich in der Missionarsstellung« – das verstehe ich ja noch. Aber was meint er mit: »nicht nur daheim ausüben?« Wo würde er denn gerne? In der Gastwirtschaft? Auf dem Feld? Oder im »Woid«?

Übrigens – nicht alle begeisterten sich für Maries grüne Idylle. Manche erklärten ihr auch, warum Kinder besser in der Stadt aufgehoben wären: »Nach meinem Verständnis wird den ach so glücklichen ›Landkindern‹ das wahre Leben und dessen urbane Normalität willentlich vorenthalten. Begründen können Eltern das natürlich immer, dann hört man viel über die Gefahren der Stadt, aber nie von dem Kleingeist, der auf dem Land nur allzu oft herrscht.« (*Herakles,* 40)

Ein Kleingeist, wie ihn Marie eigentlich verkörpert. Dennoch sagt *Herakles* ihr frei heraus, was er dazu denkt. Diese Offenheit war typisch für *Dirndlmaries* Zuschriften:

Vision75 **(38):** sehr schick aber bedauerlicherweise wenig schnittmenge ;-) schade schade

Dirndlmarie: Ja, schade! Aber warum wenig Schnittmenge? Magst du nicht Natur und Wandern und Hunde?

Vision75: doch mag ich aber ich suche gerade keine feste Beziehung Marie eher etwas in der richtung friends with benefits .... ;-)

Dirndlmarie: Was ist das?

Vision75: eine Freundschaft wo auch der Sex nicht zu kurz kommt ....

Dirndlmarie: Dann passt es wirklich nicht. Ich möchte kein Abenteuer, sondern eine Familie gründen!

Vision75: sag ich doch … aber trotzdem schade … bist sehr sexy auf deinem Bild …

Dirndlmarie: Oh, das sollte gar nicht »sexy« wirken, sondern eher solide … trotzdem danke!

Vision75: manche Frauen können halt tragen was sie wollen und kommen immer sexy rüber … Ausstrahlung und sexappeal kann man nicht durch Kleidung kaschieren … ;-) dir viel Glück auf der Suche … hab spass …

Wie findet ihr das? Ich finde es extrem entspannt. Ich komme ja aus dem Norden.

Aber ein bisschen Sehnsucht nach Bayern hab ich schon bekommen, als ich mit Maries Verehrern gechattet habe. Und nach diesem Hof im Allgäu mit dem großen Garten.

Wenngleich es mich auch etwas gruselt, bei wie vielen Menschen Stammbaumforschung und Rindsrouladen große Begeisterung auslösen.

Profil Bilder Nachrichten Matchings

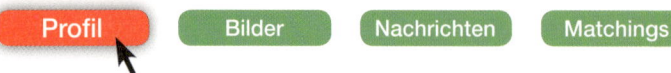

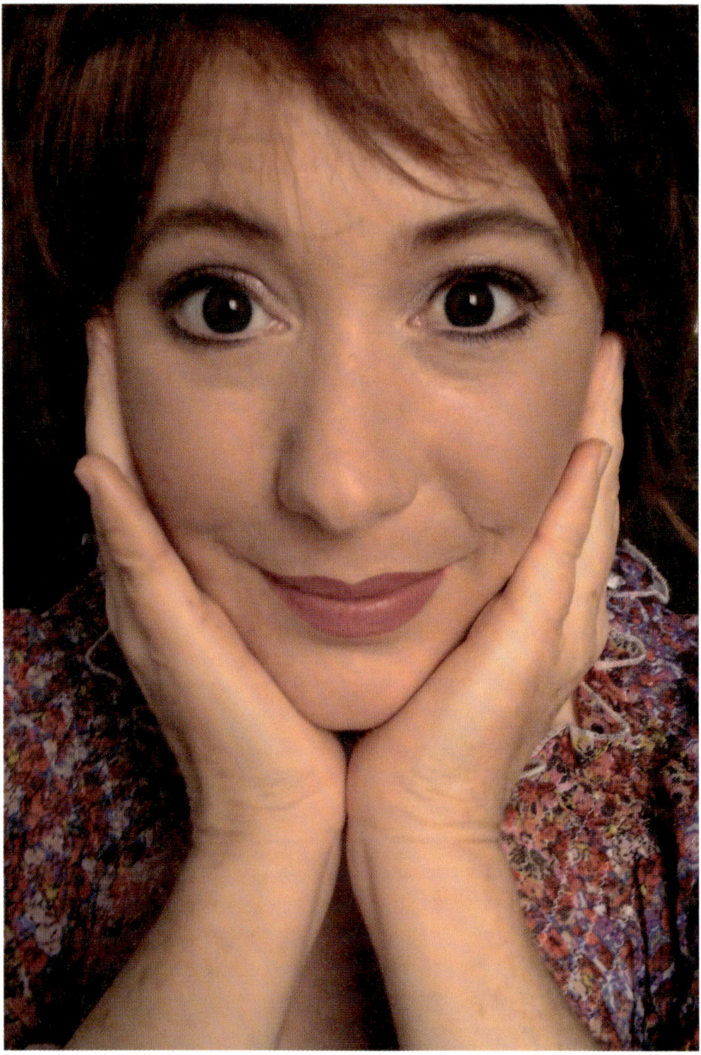

JedeMinuteWir:
Die süßliche Klette

Persönliches Statement

Ich möchte jede Stunde mit dir zusammen sein. Tag und Nacht. Jede Sekunde … eigentlich immer! Auf Distanztypen, Tagesausklangspartner und Lonely Cowboys hab ich echt keinen Bock. Das hab ich schon oft genug erlebt: Männer mit eigenen Interessen, eigenen Freunden, eigenen Büchern oder eigener Musik, die sie nicht mit mir teilen wollten … Ich möchte alles mit dir teilen! Das Leben ist doch zum teilen da. Und die Freude, die Lust, das Lachen, alles verdoppelt sich doch im miteinander teilen. Warum kapieren das viele Männer nicht? Manchmal glaube ich fast, sie WOLLEN es nicht verstehen … wollen für sich bleiben, im Grunde allein, auf ihrer Seite des Ufers, unfähig sich zu öffnen … flüchten in ihre Höhle und versperren den Eingang, während ich davor sitze und singe …

Für mich bedeutet Liebe: Verschmelzen … Nähe … Symbiose … sich alles erzählen, alles anvertrauen … auch die intimsten Gedanken und Wünsche … Fantasien … sich ineinander versenken … sich stundenlang einfach nur in die Augen schauen …

zusammen kochen … tanzen … im Wohnzimmer … den Balkon bepflanzen … oder Brettspiele … Bist du bereit für dieses Abenteuer?

Profil

Alter:	27
Größe:	1,67
Figur:	normal
Augenfarbe:	braun
Haare:	rotbraun, kinnlang
Letzter Abschluss:	Mittlere Reife
Sprachen:	Deutsch, Englisch
Kinder:	keine
Kinderwunsch:	Unbedingt!
Rauche:	Nein, nie geraucht
Metropolen:	Kopenhagen, Amsterdam, Toscana
Restaurants:	Wo es gemütlich ist … lieber zuhause essen …
Reiseländer:	Skandinavien natürlich, Nordsee …
Filme:	Chocolat
Nachtclubs:	???
Bars:	??????
Romantik-Tipps:	In die Augen schauen … ganz tief …
Zeitschriften:	Frauenzeitschriften
Wellness-Tipps:	Baden … Kerze anzünden … Räucherstäbchen … kuscheln …
Fitnessclubs/Spas:	eher nicht so …

Profil **Bilder** **Nachrichten** **Matchings**

Doublebass (26): Hey :-)

Henry001 (31): Hübsch ;)

Robbie_ T (30): Halt, stop! Dich habe ich doch letztens bei Astro TV gesehen. Zumindest kommt mir dieser hypnotisierende Blick bekannt vor.

Hundekeks (57): deine augen…einfach der hammer …

sonnyside (51): Sehr hüpsche braune Augen hast du . Lg Tommie

FrohesNeues (37): Finde deine Einstellung gut. LG

Klingeling (48): Das ist vielleicht das schönste Statement, das ich hier je gelesen habe. Du sprichst mir aus dem Herzen. Da frage ich mich, wieso finde ich keine Frau, die so wie Du denkt?!

Häppi4711 (29): Ich finde Zweisamkeit auch super …

Charly91(22): Sehr schönes Statement!!! Nur ist es manchmal sehr schwer sich einem anderen Menschen so zu öffnen aber wahrscheinlich hast du recht … nur so ist es wahre Liebe!!!

JacquesF (25): Hallo, na du hast ja eine sehr totalistische Auffassung von Liebe. Teilweise kann ich dich da ja verstehen. Aber häufig wird man über eine Tagesausklangsbeziehung nicht hinauskommen oder?

145

Kasseler_ (39): Vielleicht haben Deine bisherigen Bekanntschaften den Höhleneingang nur deshalb versperrt, gerade weil Du gesungen hast … ;-)

Jupp_H (27): Deine Beobachtung bezüglich der Abschottung gegenüber anderen Menschen hat nichts mit wollen sondern mit Können zu tun. Unsere Generation der »Ich Linge« in einer Gesellschaft in der immer alles noch besser, schöner, extremer und jederzeit austauschbar sein muss hat verlernt (oder nie gelernt) auch mal mit Kleinigkeiten zufrieden zu sein und zu schätzen was man hat.

Serbe78 (34): Lust zum Kennenlernen ? Schönen Gruß

IamDan (23): guck mich nicht so an :P

Die Beziehungsextremistin

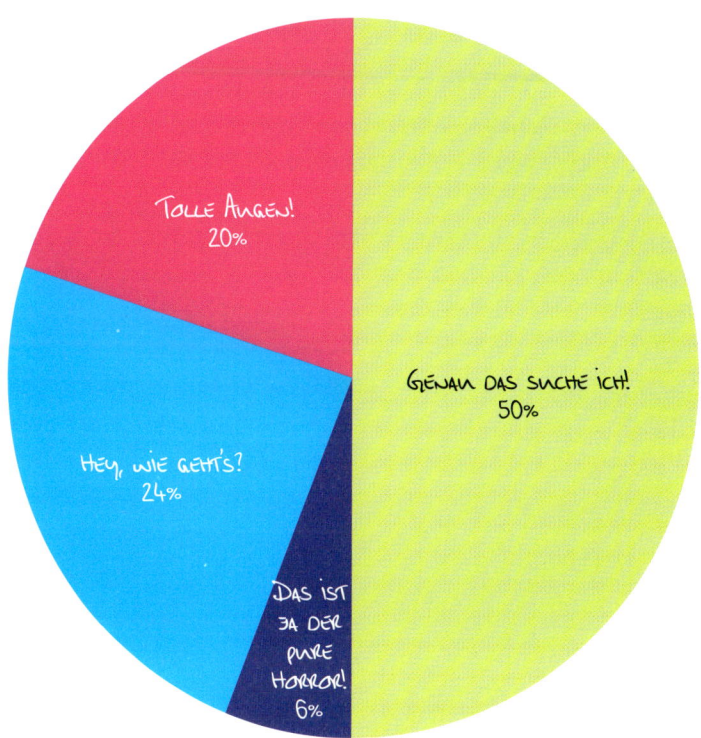

Tolle Augen!
20%

Hey, wie geht's?
24%

Das ist
ja der
pure
Horror!
6%

Genau das suche ich!
50%

Damit würde ich jeden Mann in die Flucht schlagen. Mit dieser bekennenden Klette und Zweisamkeitsterroristin, für die die gesamte Welt zusammenschrumpft auf die Zwei-Zimmer-Wohnung, in der man zusammen kocht, Brettspiele spielt, im Wohnzimmer tanzt und sich dabei stundenlang in die Augen schaut.

Aber nein, die Diagnose, Männer hätten »Angst vor Nähe«, seien »nicht bereit, sich einzulassen« und überhaupt »bindungsunfähig«, die einem in Frauenzeitschriften, Liebesratgebern und romantischen Komödien ständig vorgetragen wird, entbehrt jeglicher Grundlage!

Ich kann mir kaum einen extremeren Text und einen höheren Anspruch vorstellen als den von *JedeMinuteWir*. Trotzdem sondern 25 % der Männer vollkommen ungerührt ihre Standardtexte ab (»hallo, einen schönen abend wünsche ich dir. liebe grüße«), weitere 15 % schwärmen für ihre großen, haselnussbraunen Knopfaugen. Überwältigende 50 % der Männer bejubeln aber ausdrücklich und ausführlich ihr Beziehungskonzept: »Dein Text spricht mich sehr an. ich möchte möglichst viel Zeit mit meiner Partnerin verbringen, zusammen machen, zusammen die Welt erleben, einfach ein gutes Team sein! Sich viel Liebe schenken, Familie gründen und ganz ganz viel kuscheln! Mmh dein süßes Foto lädt dazu sehr ein! Tolle schöne Augen! :)« (*feelgood123*, 39)

Manche verbinden ihre Zustimmung mit gesellschaftskritischen Anmerkungen: »find ich klasse wie du dich beschreibst und ausdrückst ......schön ! das sind alles werte womit die meisten garnichst anzufangen wissen, in der heutigen zeit, du weist wenigsten worauf es sich tatsächlich ankommt, ich hab die erfahrungen gemacht das diemeisten menschen in erster linie an sich denken und derjenige der ehlich ist und liebt wird nur verarscht.« (*forki*, 37)

Nur – wenn man das tatsächlich mal ernst nimmt – kann es dann sein, dass *JedeMinuteWir* auch nur an sich denkt, nämlich an ihr unendliches Bedürfnis nach Nähe?

Walkandrun (27) nimmt ihre Kritik an den Männern auf – und richtet sie gegen die Frauen: »Wusste gar nicht, dass es noch Frauen gibt die nicht dem Egotrip erlegen sind und als lonesome cowgirls mit ihren Freundinnen die Nächte unsicher machen und auch tagsüber für gemeinsame Aktionen nicht zu gebrauchen sind. Scheinbar haben wir den selben

Eindruck, aber vom anderen Geschlecht.« *Henry001* (31) sagt dasselbe, nur kürzer: »Also, ganz ehrlich suche ich eine ernste Beziehung. Leider die meinsten Frauen hier wollen nur Spaß haben …« Und auch *Knäcke1975* (38) kann sein Glück kaum fassen: »Ich habe das bislang umgedreht erlebt … Unglaublich aber wahr!! Ich bin auch der Typ der seine Zeit mit seiner Partnerin teilen möchte als das er alleine diurch die Gegend zieht. Deshalb denke ich das wir uns gut ergänzen würden. Vielleicht kochen wir ja mal was zusammen und haben viel Spaß dabei.«

Klar – das wird bestimmt ein Mordsspaß: Nie wieder durch die Gegend ziehen! Wozu ausgehen, wenn man zusammen kochen kann?

Mit dem Seelenverwandten, dem Soulmate im Universum der Ichlinge!

Es mag sein, dass *JedeMinuteWir* sehr süße Knopfaugen hat. Umso terroristischer ließ ich sie antworten, um ihren Verehrern die Verliebtheit möglichst schnell wieder auszutreiben: »Bist du denn wirklich jemand, der sich mit Haut und Haaren auf seine Partnerin einlassen kann, ohne wenn und aber? Und nicht ständig mit ›eigenen Interessen‹, ›eigenen Freunden‹, ›eigener Zeit‹ anfängt? Und bereit ist, diese ›eigenen‹ Interessen auch mal für die Partnerschaft aufzugeben?«

Spätestens hier müsste es die Männer doch gruseln, oder? Nein, sie können sich gar nicht genug unterwerfen: »JA.. so ei Typ bin ich. Denn es ist wohl das schönste die Zeit die man hat mit der Partnerin zu verbringen« (*Knäcke1975,* 38) – »Selbstverständlich bin ich das. Ich bin doch kein kleines Kind mehr. Ich bin nicht auf der Suche nach ›unverbindlichem Spaß‹.« (*Talktalk,* 33) – »Das sehe ich ganz genau so wie Du. Die sogenannten Freiräume sind in einer festen Partnerschaft doch gar nicht nötig, es ist doch viel schöner alles zusammen mit seinem Partner zu unternehmen.« (*Augsburg123*, 52)

HILFE!!! Was ist denn nur mit den Männern los? Waren das nicht mal Cowboys, die einsam in die Prärie reiten wollten, in den Sonnenuntergang hinein, alleine mit der Natur, ihrem Hut und ihrer Marlboro?

Ivan79 (34) bringt zumindest einen Fingerhut Ironie in die Sache: »Ja ich denke schon solange ich keine Frauenkleider tragen muss und ich bei Fehlverhalten nicht ausgepeitscht werde bekomme ich das schon hin.« Als *JedeMinuteWir* allerdings einen Tag nicht antwortet, knickt er sofort wieder ein: »Das wahr ein scherz ich hoffe dich nicht verschreckt zu haben ich bin bereit mich auf eine Beziehung einzulassen.« Es ist zum Verzweifeln. Die Trulla meldet sich einen Tag nicht, und schon gibt der Mann die bedingungslose Kapitulation bekannt.

Manche Männer sagen zu Sophies überzogenen Ansprüchen allerdings nur ja, weil sie den Text offenbar nur überflogen oder gar nicht erst gelesen haben:

ToyboyHH (25): hey ;) sehr hübsch :) wie gehts dir denn ?

JedeMinuteWir: hey! sehr gut … schrieb ich ja …

ToyboyHH: schön freut mich ;) und was machst du so ?

JedeMinuteWir: ich bin auf der Suche … wie ich in meinem Profil schreibe … kannst du dich darin wiederfinden, was ich da schreibe? hast du's gelesen?

ToyboyHH: kla ;) wann und wo ?

Ein Draufgänger, der sich offenbar sofort treffen will, was Sophie aber freundlich ignoriert:

JedeMinuteWir: Ich verstehe nicht … erzähl doch mal … wie hältst du es mit Beziehungen … Nähe … zusammensein???

ToyboyHH: find ich gut ^^

JedeMinuteWir: Du siehst aber mehr wie ein Abenteurer aus … kann das sein?

ToyboyHH: hm wenn du willst ;)

JedeMinuteWir: Nein, was ich suche, ist eine wirklich enge Beziehung, wo man alles miteinander teilt … du hast mich glaub ich gänzlich missverstanden …

In diesem Moment muss *ToyboyHH* das Profil gelesen haben – und hat sich nie wieder gemeldet. Noch einsilbiger gab sich *bornfree* (32). Zum besseren Verständnis: Das Gespräch fand abends nach 22 Uhr statt.

bornfree: tolles Foto!

JedeMinuteWir: Danke … hast du auch das Profil gelesen?

bornfree: Klar…passt …

JedeMinuteWir: Suchst du auch eine Frau, mit der du jede Minute verbringen kannst?

bornfree: Ja

JedeMinuteWir: Bisher hab ich nur Männer kennengelernt, die früher oder später »Freiräume« wollen und fordern … vermutlich aus Bindungsangst … so dass nie eine richtige Zweisamkeit entstehen kann … bist du sicher, dass du nicht so bist?

bornfree: Ja bin ich

JedeMinuteWir: aber in deinem profilnamen schreibst du, du möchtest frei sein ---- ???

bornfree: nein: ich bin frei…nicht dass ich es möchte

Freiheit – DAS Reizthema für Sophie. Jetzt muss sie ihn festnageln, damit sie nicht wieder enttäuscht wird:

JedeMinuteWir: oft ist das nur die Ausrede von Männern, die sich nicht binden wollen ... sie wollen »frei« sein ... deshalb werde ich leicht skeptisch bei dem Wort ... in Wirklichkeit sind sie frei von Gefühlen ... frei von Bindungen ... frei von Liebe ...

bornfree: aha

JedeMinuteWir: was verstehst du unter dieser ominösen »Freiheit«??

bornfree: das soll bedeuten dass ich derzeit ohne Beziehung bin

JedeMinuteWir: mmh ... also, du möchtest diese Freiheit gerne aufgeben zugunsten einer wirklich, wirklich engen Beziehung?

bornfree: Ja

bornfree: wäre ich sonst hier?

JedeMinuteWir: viele Männer wollen nur Sex ... Affairen ... oberflächliche Beziehungen ... an so was hab ich kein Interesse ...

bornfree: ich auch nicht

Das ist fast schon zu viel Übereinstimmung. Irgendwas kann nicht stimmen. Aber was?

JedeMinuteWir: Du antwortest immer so einsilbig ...

bornfree: ich beantworte nebenbei Emails! sorry

bornfree: Berufliche

bornfree: außerdem sollen meine kurzen klaren Aussagen kräftig erscheinen und klar

Kräftig, klar und kurz. Wir wissen nicht, an welchem Kommunikationstraining *bornfree* teilgenommen hat – aber vermutlich war er auch damals zu hundert Prozent mit seinen Gedanken woanders. Vielleicht kennen Sie diese Businesstypen, die beim Telefonieren und im persönlichen Gespräch immerzu jajaja sagen, ohne auch nur eine Sekunde zuzuhören? Sophie ist am Boden zerstört:

JedeMinuteWir: Das ist nicht dein Ernst??? Du arbeitest abends um 23:00. Und während wir über das Wichtigste im Leben sprechen, über die Liebe, beantwortest du berufliche Mails?

bornfree: Ja bin selbstständig da muss man seine Zeit in anderen fenstern clustern!

Nicht nur die Zeit – auch die Aufmerksamkeit! Es steht wohl zu erwarten, dass er auch zukünftig der gemeinsamen Feierabendgestaltung eine Raum-Zeit-Cluster-Analyse voranstellen wird. Zeit clustern und Aufmerksamkeit streuen – der Schlüssel für den Erfolg im Beruf und bei den Frauen!

Immerhin gab es auch ein paar Nein-Sager. Ganz wenige, einsame Helden, die sich aufmachten, die Männer-Ehre zu retten:

Triathlon (42): was für eine horrorvorstellung ..... neben einem WIR muss in einer beziehung auch noch raum für zwei Ich sein ....

JedeMinuteWir: Warum schreibst du mir dann? Doch Sehnsucht nach Nähe?

Triathlon: lach.. nein … ich bin eher entsetzt das man jemanden so vereinahmen möchte

JedeMinuteWir: ich würde es Liebe nennen ....

Triathlon: das erstickt jede beziehung ...... das klebt .... liebe braucht freiraum

Genau – es kleeeebt! Mehr davon! *Wurstbaum* (35) kopiert ihr einfach die Definition von »Symbiose« aus Wikipedia: »Eine Symbiose in Partner-Beziehungen zwischen Erwachsenen besteht bei krankhafter Abhängigkeit eines oder beider Partner.« Aber am vehementesten widersprach ihr *Stojko* (27), ein südländisch aussehender Bodybuilder im Muscle-Shirt, mit Sieben-Tage-Bart, Zigarette und Bierhumpen.

Stojko: Oh mein Gott! Ist der Text wirklich dein Ernst? Denn irgendwie kann ich keinen ironischen oder gar sarkastischen Unterton herauslesen.

JedeMinuteWir: Lieber Stojko, warum sollte ich ironisch oder sarkastisch sein? Aber ich sehe, du rauchst und verbringst viel Zeit mit Krafttraining. Ich glaube, wir passen nicht so gut zueinander …

Stojko: Liebe JedeMinuteWir (??), sollte mein Text Interesse suggerieren, dann tut es mir Leid. Des Weiteren weiß ich nicht wie du darauf kommst dass ich »viel« Zeit mit Krafttraining verbringe? Ich bin einfach nur zutiefst schockiert und hoffe dass du dich mal selbst findest.

JedeMinuteWir: Ich glaube, du bist noch sehr weit von dir entfernt … ich glaube, du hast Angst vor Nähe. Und ich glaube, du bist mit diesen Muskeln nicht zur Welt gekommen …

Stojko: Ich will dir ja auch nur einen Tipp geben. ich weiß dass zuviel Nähe Gift für JEDE zwischenmenschliche Beziehung ist. Mit solch einem Text vergraulst jeden starken Mann und ziehst die schwachen an. Das ist ja nicht Sinn der Sache.

Ein interessanter Aspekt: Verschmelzung ist nur was für Pantoffelhelden. Aber so leicht gibt sich Sophie nicht geschlagen:

JedeMinuteWir: Mmh. Aber ist es nicht gerade ein Zeichen von Stärke, Nähe auszuhalten? Und ein Zeichen von Schwäche, immer zu flüchten?

Stojko: Denke ich nicht. Ich finde Paare die nur aufeinander hängen schlicht langweilig. Da frag ich mich immer, habt ihr nichts Besseres zu tun? Habt ihr keine anderen Leidenschaften im Leben dass ihr euer Glück so von einem anderen Menschen anhängig macht? Das ist nämlich das Problem von zuviel Nähe, Abhängigkeit. Wahres Glück ist für mich eine Frau, die Leidenschaften hat die ihr wichtig sind. Dann respektiert sie nämlich auch meine. Und wenn man dann den anderen so sehr mag, dass man trotzdem einen Großteil seiner Zeit mit ihm verbringen will, das ist doch das schönste. Ich kenne beide Seiten und spreche aus eigener Errfahrung.

Er sollte neben dem Fitnessstudio noch eine Beziehungsberatung aufmachen. Und seine Mitmänner sollten nicht jeder Sirene folgen, nur weil sie große, braune Knopfaugen hat.

Profil   Bilder   Nachrichten   Matchings

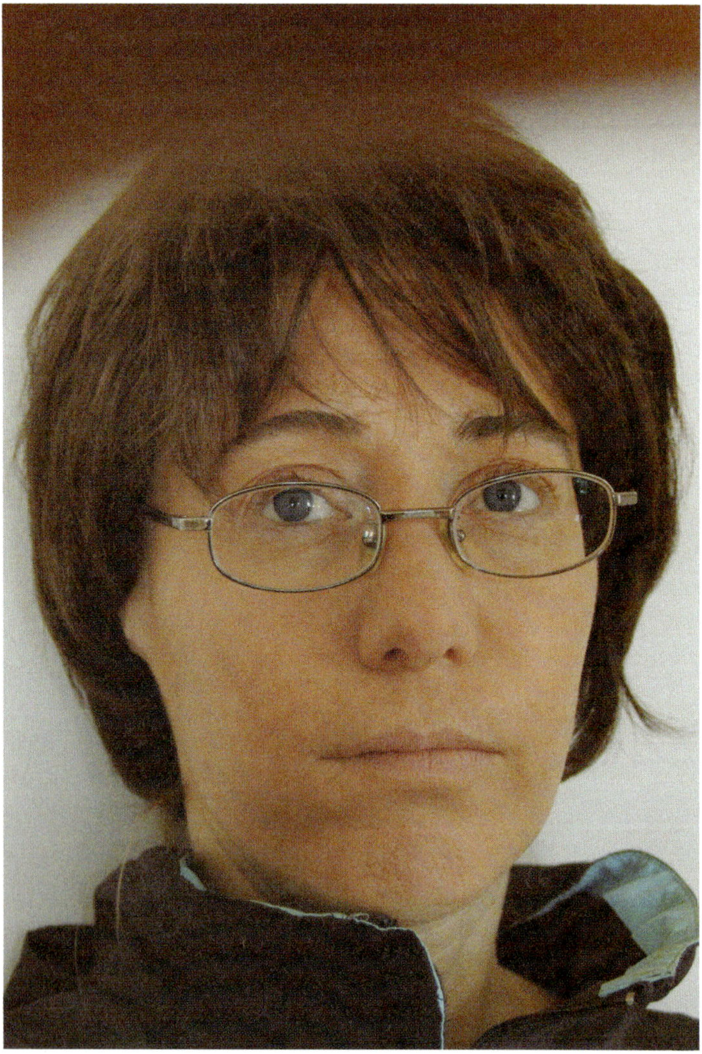

Kerstin28:
Die reizlose Langweilerin

Persönliches Statement

Ja. Also ich fang dann mal an. Keine Ahnung, was man hier so hinschreibt.

Persönliches Statement. Klingt irgendwie reichlich festgelegt. Und ich hab ehrlich gesagt auch nicht soo viel Lust, jetzt so viel über mich zu schreiben. Oder zu sagen. Wer weiß, wer das liest? Und ob du jetzt so zu mir passen würdest. Jetzt mal so von den Interessen und Hobbys her. Und wenn wir zueinander passen würden, ob du das dann wiederum überhaupt liest. Oder vielleicht dann jemand ganz anders suchst.

Egal, ich fang jetzt einfach an. Wobei »einfach« ist das gerade nicht, was über mich zu sagen.

Ich hab eigentlich an vielen Dingen jetzt nicht soo großes Interesse, weil mich ehrlich gesagt viele Dinge auch wieder langweilen, wenn ich mich länger damit beschäftige.

Wobei ich mich ehrlich gesagt oft gar nicht länger damit beschäftige, weil ich es eben zu langweilig finde. So Sachen wie Bücher lesen. Oder Badminton.

Meist lande ich doch bei chatten oder fernsehen. Das kann man ja auch zuhause. Ich glaub, das ist der Grund, warum viele das machen. Weil man dafür nicht noch irgendwo extra hinfahren muss.

Wenn ich so darüber nachdenke – auf ne Fernbeziehung hätte ich jetzt nicht sooo ne große Lust. Weil das ja heißen würde, dass entweder du den ganzen Weg zu mir fahren musst. Oder ich den ganzen Weg zu Dir. Besser wäre es, wenn du ganz in der Nähe wohnst. Wenn du mich einfach so mal besuchen könntest, ohne dass das jetzt so viel Aufwand ist, wo ich dann zum Beispiel irgendwas Großes vorbereiten müsste. Ich kann jetzt nicht sooo gut backen oder kochen oder sowas in der Richtung. Wobei, ich hab das jetzt noch nicht so viel ausprobiert, weil das früher praktisch immer mein Freund gemacht hat. Oder eigentlich doch immer.

Also wäre das schon irgendwie praktisch, wenn du das auch wieder machen könntest, weil ich glaube, es ist ziemlich kompliziert, das zu lernen. Und ich hab jetzt nicht sooo viel Lust, komplizierte Sachen zu lernen.

Das mochte ich schon in der Schule nicht. Deswegen bin ich auch nicht so gern zur Schule gegangen, weil mich da im Grunde überhaupt nichts interessiert hat. Es gibt bestimmt viele Dinge, die total interessant sein könnten, aber dafür muss man die ja erst mal kennenlernen. Und ich hab die eben noch nicht so genau kennengelernt. Oder gar nicht. Vielleicht hast du ja ne Idee.

Im Grunde ist ja alles meistens ziemlich öde und meistens langweile ich mich ziemlich. Hast du vielleicht ne Idee, was wir mal so zusammen machen könnten? Also, ich schlag vor, du schreibst mir jetzt einfach was. Das muss jetzt nicht sooo interessant sein. Aber wenn es mich doch vielleicht irgendwie interessiert, dann schreib ich vielleicht zurück.

Und dann können wir abwarten, ob und wie das dann weitergeht. Oder eben auch nicht. Was meinst du?

Profil

Alter:	28
Größe:	1,67
Figur:	normal
Augen:	graublau
Haare:	dunkelblond
Letzter Abschluss:	Berufsschule
Sprachen:	Deutsch, Englisch
Kinder:	keine
Kinderwunsch:	Weiß nicht
Rauche:	Nein, nie geraucht
Metropolen:	Berlin, Göteborg
Restaurants:	BlockHouse
Reiseländer:	Dänemark, Polen
Filme:	Tatort, Voice of Germany
Romantik-Tipps:	Urlaub am Meer (zum Beispiel Ostsee)
Zeitschriften:	TV Today, TV Movie
Wellness-Tipps:	Spazierengehen, Kerzen
Fitnessclubs/Spas:	Fahrradtouren

Profil   **Bilder**   **Nachrichten**   **Matchings**

strand23 (28): hey, wie wärs mit Extrembügeln auf einer Berspitze?

ferhat (31): hallo,ich finde dich sehr schön, ich suche ernste beziehung . wie geht es dir ? lg ferhat

anna45 (w46): hallo, wie geht es dir ?ich bin bekanntin von Ferhat . er mochtet dich kennen lernen .und ernste beziehung . Ferhat er ist sehr ehrlich und sympathisch und treu. LG anna

aldente (33): Hey na , allet schicke bei Dir !?!

raubvogel (41): Hallo Grossartiges Statement. Glückwunsch.

koalabaer (31): hallo wie geht es dir ?
du hast schöne funkelnde augen ! lg Peer

Restexemplar (34): wow, was ne textwüste^^

olympus20 (43): Ist dein Text als Satire zu verstehen?

DerBernie (29): Hi, hattest du einen angenehmen tag bis jetzt?   :)
du machst den eindruck einer starken persönlichkeit :)

Rügen76 (37): Hey,Lust auf geilen versauten Sex?;-)

hotpotsdamer (48): hallo sehr symphatischen bilder von dir
scheint bist humor voller mench zu sein
ich finde dich intressant und würd gern mehr über dich zu erfahren

Die Stoikerin

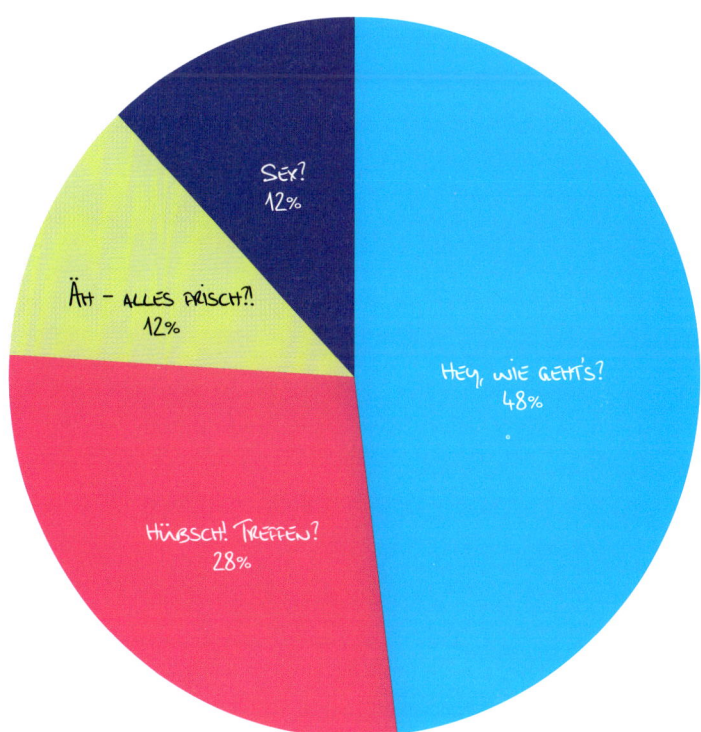

Kerstin ist sozusagen reine Konzeptkunst. Ich wollte herausfinden, ob Männer eine Schmerzgrenze haben. Ich wollte ein
Profil konstruieren, das so unattraktiv ist, dass sich definitiv
niemand meldet.

Ungeschminkt, frisurlos, hässliche Brille, Regenjacke; dumpf
und gelangweilt blickt sie aufs Display des Handys, mit der
sie sich selbst fotografiert.

Dabei lässt sie keinen denkbaren technischen Fehler aus: Das
Foto ist unscharf und unterbelichtet, Blitzlicht spiegelt sich in

der Brille, ein Finger verdeckt teilweise das Objektiv, die Kamera hat sie auch noch schief gehalten.

Ihr Statement ist ein endlos-ungefiltertes Gelaber mit dem Inhalt: *Mit mir ist nix los, und ich langweile mich die ganze Zeit. Willst du mich nicht versorgen und unterhalten?*

Ich habe wirklich gehofft, dass sie niemand anschreibt. Ich habe mich geirrt.

Wenn Kerstin online war, kriegte sie pro Tag zwei bis drei Zuschriften. Und zwar mit richtigen Komplimenten: »ich finde dich sehr schön« – »starke Persönlichkeit« – »ich kürz es mal ab: shy but sexy!« Sind diese Männer blind und taub? Haben sie das Statement nicht gelesen? Oder war es noch immer nicht dämlich genug?

Nein, das ist nicht der Grund. »Tut mir leid, aber Dein Text macht keine Lust auf Dich«, erkennt *olympus20* (43) messerscharf – um dann gleich mit ihr weiterzuchatten.

Gerade dass Kerstin so unattraktiv ist, macht sie attraktiv. Nämlich für Männer, die sich selbst auch nicht attraktiv finden. Kerstin entlastet durch ihre Unterlegenheit. *Die kriege sogar ich noch rum! Und wenn nicht, war es auch kein Verlust!*, ist das Kalkül dieser Männer.

Aber sie haben nicht mit Kerstin gerechnet. Sie bestreitet den gesamten Chat mit den wiederkehrenden Rumpf-Sätzen: »bin grad auf der arbeit« – »guck grad fern« – »erzähl mal was« – »weiß nicht« und »ich langweil mich«. Um sich noch unattraktiver zu machen, als sie eh schon ist, sagt sie jedem Bewerber: »auf schminken und so steh ich nicht so. ist mir zu aufwendig. ist das okay für dich?«

Selbstverständlich ist es okay! Alle sind froh, ihr begeistert zustimmen zu können: »Süsse, du bist der Knaller. Nein. Es ist mir nicht wichtig.« – »huhu, nee ich habe damit kein problem :) ich bin sowieso mehr für die Naturschönheit :) außerdem brauchst du dann im Bad nicht so lange :D« – »lach, das ist auch nicht erforderlich, du gefällst mir grad so wie du bist.« Am schönsten formuliert es *koalabaer:* »mag es eh lieber natürlich … aufgesetzte Schönheit ist mist.«

Absolut. Totaler Mist! Nur – Kerstin ging es ja gar nicht um Natürlichkeit. Sondern es ist ihr einfach »zu aufwendig«.

Die vollkommen bocklose Kerstin verlangt gleichwohl von allen Männern »was richtig festes, langfristiges«.

Auch da stimmen alle zwanghaft zu: »ja, bevorzugt suche ich etwas festes« – »Natürlich, am besten wäre Heiraten..« – »ich suche eine Beziehung die nicht auf zeit angelegt ist also sozusagen bis zum ende meiner tage ,o))«

Und selbst wenn Kerstin fragt, ob sich der andere genauso langweilt wie sie, traut sich kaum einer zu widersprechen: »ab und zu« – »ein bisschen« – »ein wenig« – »gerade auch«. Wenige sind allerdings so offenherzig wie *buddy1404* (34): »mir war auch langweilig darum bin ich eingeschlafen«.

Nein, die meisten nehmen das gemeinsame, zusammenschweißende Erlebnis der Langeweile zum Anlass für geschickte Annäherungsversuche:

Kerstin28: ich langweile mich grade etwas.

Milan84 (29): dann kannst du ja zu mir kommen, dann ist dir nicht langweilig ;-)

Kerstin28: Dir ist nicht langweilig?

Milan84: ein wenig. lass uns doch gemeinsam gegen die Langeweile kämpfen! :-)

Kerstin28: wie denn?

Milan84: bißchen kuscheln und so ;-)

Raffiniert! Aber Kerstin hält gleich dagegen:

> **Kerstin28:** bist du auch son sex-maniac?????
> **Milan84:** Nicht wirklich, aber du machst dir ja keine Mühe beim Schreiben, also kann ich ja auch alles schreiben ;-)
> **Kerstin28:** ich guck noch n bisschen fern

Kerstin ist offenbar so dumm – da traut sogar Milan sich endlich mal, offensiv zu sein. Nur leider nützt es ihm nichts – Kerstin guckt eh den ganzen Abend fern und langweilt sich. Spätestens jetzt wäre es für Milan an der Zeit, ade zu sagen und weiterzuklicken. Stattdessen verbeißt er sich regelrecht in die Idee, diese Trantüte in seine Wohnung zu lotsen:

> **Milan84:** also wann kuscheln wir? :-D
> **Kerstin28:** weiß nicht
> **Milan84:** wieso nicht? Wir beide haben Zeit! :-)
> **Kerstin28:** mmh
> **Milan84:** jaaa? :-)
> **Milan84:** Liebe Kerstin, du antwortest nicht!
> **Kerstin28:** was?
> **Kerstin28:** was ist denn? hab grad fern geguckt
> **Milan84:** wollen wir schön kuscheln? :-)
> **Milan84:** Du antwortest ja gar nicht.
> **Milan84:** Also wenn du mich kennenlernen willst, solltest du schon mehr Elan zeigen ;-)
> **Kerstin28:** elan? was meinst du?
> **Milan84:** mehr Motivation beim Schreiben meine ich damit :-)
> **Kerstin28:** ich langweile mich
> **Milan84:** na, dann komm zu mir, dann ist dir nicht langweilig :-P willst du mal morgen bei mir vorbeikommen? :-)
> **Milan84:** Also? Wie lautet deine Antwort? :-)

Kerstin28: mal schauen

Milan84: Deine Antwort ist nicht eindeutig ;-)

Kerstin28: so langsam muss ich ins Bett …

Milan84: Nee, schreibe mir :-)

Kerstin28: nee, ich geh ins bett

Milan84: kommst morgen vorbei? :-)

Kerstin28: mal schauen

Milan84: ach, das ist doch keine Antwort.

Kerstin28: weiss noch nicht…ich geh schlafen

Milan84: Wieso weisst du es noch nicht? :)

Milan84: Wieso weisst du es noch nicht? :)

Weg ist sie. Milan, was willst du? Du verschwendest deine Zeit! Kann man so eine Frau wollen? Kann man sich Sex mit einer Null-Emotions-Qualle wie Kerstin als irgendwie befriedigend vorstellen? Offenbar schon. Denn Milan versucht es am nächsten Morgen gleich wieder. Und am übernächsten. Und er ist nicht der Einzige. Es muss daran liegen, was Rolf Dobelli *The Sunk Cost Fallacy* nennt: Wer bereits Zeit, Geld oder Mühe in eine Sache investiert hat, wird sie fortführen, selbst, wenn längst kein Sinn mehr zu erkennen ist. Auch wenn man sich bei Dieter Nuhr noch so sehr langweilt, wird man bis zum Schluss durchhalten, weil man ja 50 Euro für die Karten bezahlt hat.

Und wer bereits eine halbe Nacht versucht hat, Kerstin zu einer Verabredung zu überreden, ist dazu verflucht, es immer wieder zu versuchen, auch wenn sie stoisch mit »guck grad fern«, »ich langweile mich«, »das geht mir zu schnell« und »erzähl mal was« antwortet.

Aus demselben Grund wird die Elbphilharmonie zu Ende gebaut: Man will bereits getätigte Investitionen einfach nicht verloren geben. Verzweifelt beginnen manche Männer irgendwann, gegen Kerstins Stumpfsinn anzuargumentieren:

Kerstin28: ich langweile mich

Interludium (32): irgendwie wiederholst du dich und sagst immer dasselbe. bist du in einer beziehung auch so?

Kerstin28: klingt so als wolltest du mich angreifen. Ich dachte, du willst mit mir flirten.

Interludium: ich versuch ja mit dir zu flirten, aber irgendwie funktioniert das nicht. ich hör immer nur: ich langweil mich. nich unbedingt fördernd. im übrigen sollte sowas nicht nur von mri ausgehen sondern auch von dir. und davon merk ich ehrlich gesagt nix.

Kerstin28: mmh. bin grad auf der Arbeit

Fast keiner kommt auf die naheliegende Idee, den Chat mit ihr einfach einzustellen. Im Gegenteil, manche plaudern wochenlang gutgelaunt an ihren Drei-Wort-Sätzen vorbei, erzählen von ihren Ausflügen, ihren Kochkünsten und Sportereignissen. Kerstins Antwort: »guck grad fern.«

Und dann gibt es noch die, die offenbar ideal zu ihr gepasst hätten. Männer, denen es gelingt, über viele Wochen auf absolut gleichem Niveau zu antworten und damit Konversationen zu erzeugen, die in der deutschen Literatur ihresgleichen suchen. Es sind Juwelen der Kunst, ohne jeden Inhalt zu kommunizieren. Ich möchte sie euch an dieser Stelle nicht vorenthalten:

Kerstin28: bin grade zuhause, guck ein bisschen fern. und du so?

koalabaer (31): mache das selbe

Kerstin28: langweilst du dich auch so?

koalabaer: naja es geht

Kerstin28: ich langweil mich grad

koalabaer: das ist nicht schön

Ein Tag später.

Kerstin28: ich langweil mich grad. du auch?
koalabaer: ein bisschen
Kerstin28: guck grad fern
koalabaer: ich auch

Fünf Tage später.

koalabaer: hallo
Kerstin28: hallo, wie geht's?
koalabaer: mir geht es gut, und dir ?
Kerstin28: auch
Kerstin28: guck grad fern
koalabaer: das ist schön
koalabaer: ich auch

Zwei Wochen später.

Kerstin28: hallo
koalabaer: hallo
Kerstin28: wie geht's?
koalabaer: mir geht es gut und selbst ?
Kerstin28: guck grad fern
koalabaer: aha ok
Kerstin28: du auch?
koalabaer: ja genau
Kerstin28: ist nicht so toll
koalabaer: was ist nicht so toll
Kerstin28: das Programm
koalabaer: ach so.

Zwei Tage später.

> koalabaer: hallo. Was machst du?
> Kerstin28: ich war grad einkaufen und du?
> koalabaer: hab heut früh schon eingekauft
> Kerstin28: ok
> Kerstin28: bin grad zuhaus. guck fern

Eine Woche später. (Achtung, der folgende Dialog hat FSK 16, weil *koalabaer* jetzt aufs Ganze geht!)

> koalabaer: Hallo, alles klar bei dir?
> Kerstin28: bin grad auf der arbeit
> Kerstin28: und du?
> koalabaer: Bin bei meinen eltern
> Kerstin28: alles klar
> Kerstin28: viel spaß
> koalabaer: Würde gerne kuscheln
> Kerstin28: du kennst mich doch gar nicht
> koalabaer: Ja ok

Drei Tage später.

> koalabaer: Hallo
> Kerstin28: Hallo
> koalabaer: Wie geht's?
> Kerstin28: ich langweil mich
> koalabaer: Aha ok
> koalabaer: :-(
> Kerstin28: und du?
> koalabaer: Langweil mich ein bisschen
> Kerstin28: ok

Kerstin28: ich guck noch ein bisschen fern
koalabaer: Ich auch
Kerstin28: schön
koalabaer: Ja :-)

Das Thema Sex wurde wieder fallengelassen. Die beiden sind endgültig in einem Zustand perfekter Harmonie angelangt. Alles ist schön, ok und :-). Sie sind zu beneiden. Eine stabilere Partnerschaft ist kaum vorstellbar. Und es wäre bestimmt auch noch wochenlang so weitergegangen, hätte Kerstin nicht diesen wie alle anderen Chats mit ihrer Abschiedsbotschaft beendet:

Kerstin28: Lieber Sven, ganz ehrlich, mir ist das zu langweilig hier. Irgendwie passiert nichts. Ich glaube, ich werde hier keinen Mann finden. Vielleicht hast du ja mehr Glück. Liebe Grüße Kerstin

Nun, was glaubt ihr, wie hat *koalabaer* reagiert? Nachdem er wochenlang mit ihr geschrieben hat?

koalabaer: ok dann tschau

Ich ziehe meinen Hut – vor so viel buddhistischem Gleichmut. Und erinnere mich daran, was meine brasilianische Freundin immer sagt: »Wenn ich euch Deutschen so beim Flirten zusehe, frage ich mich immer, wie bei euch überhaupt jemals ein Paar zusammenkommt.«

Profil | Bilder | Nachrichten | Matchings

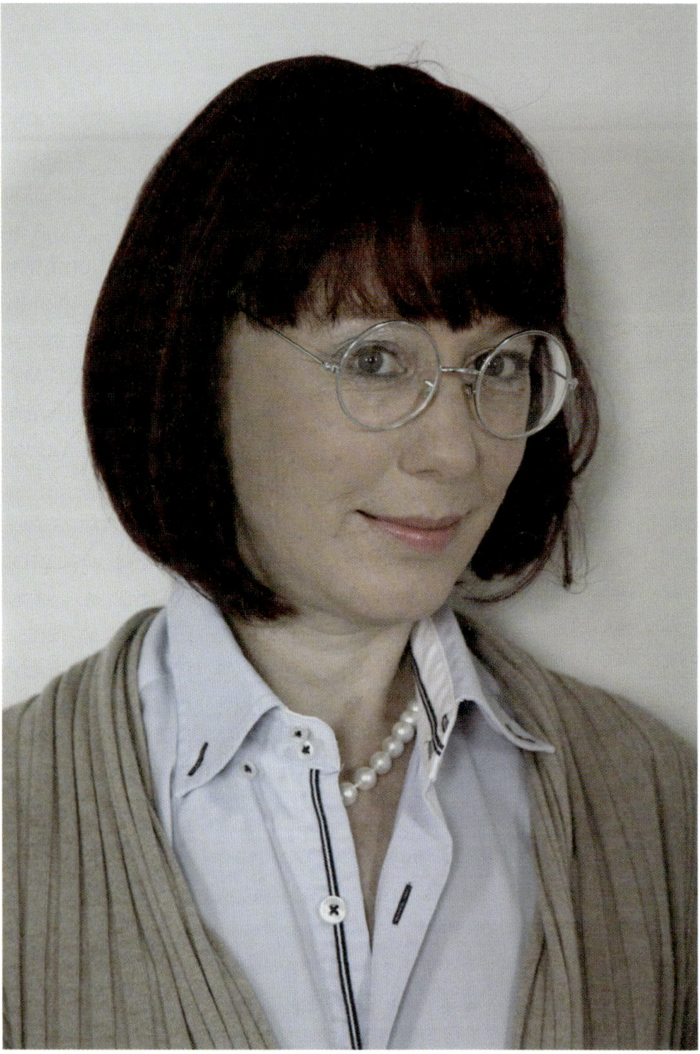

Gänseblume46:
Die biedere Hausmutti

Persönliches Statement

Ich, treu, spontan, liebevoll, zuverlässig, häuslich, tierlieb, suche nach einer großen Enttäuschung einen humorvollen, zuverlässigen, treuen, gepflegten, liebevollen Mann, mit dem ich durch dick und dünn gehen kann. Ich möchte eine wirklich enge Bindung, wo man sich gegenseitig absolut vertrauen und alles sagen kann und sein Leben wirklich miteinander verbringt. Fernbeziehungen, Affairen, unverbindliche Liebschaften sind nichts für mich. Ich wohne hier in einem gemütlichen Häuschen mit Garten, in dem ich viel Zeit verbringe. Ich habe außerdem zwei Katzen und zwei Meerschweinchen, die mir viel bedeuten. Vielleicht hast du Lust, den Dachboden hier auszubauen? Handwerklich bin ich nicht so gut :)

Für mich zählen Zärtlichkeit, Ehrlichkeit und Humor. Du solltest keine Angst vor Bindung und Nähe haben. Ich habe richtig Lust, ganz viel mit dir zu machen, auch Reisen. Für mich müssen es aber nicht immer große und teure Fernreisen sein. Ich bin eher der sparsame Typ und habe keinen Bedarf an Luxusschnickschnack. Ich koche auch gerne und habe ein sehr gutes Verhältnis zu meinen Eltern. Ich fände es auch sehr schön, deine Familie mal kennenzulernen.

Ich glaube, dass es bestimmt schwer ist, sich hier so anonym im Netz kennenzulernen. Ich bin auch nicht der Typ der so viel schreibt. Ich finde es gut wenn wir uns recht bald persönlich kennenlernen um bei einem Kaffee und Kuchen (oder einem Candle-Light-Dinner???) mal zu schauen, ob die Chemie stimmt. Das ist für mich das Entscheidende. Ich glaube immer noch an die große Liebe, auch wenn ich jetzt schon ein paar Mal auf die Nase gefallen bin. Und du?

Profil

Alter:	46
Größe:	1,56
Figur:	normal
Augen:	grün
Haare:	–
Letzter Abschluss:	Berufsschule
Sprachen:	Deutsch, Englisch
Kinder:	mehrere, leben nicht mehr bei mir
Rauche:	nein, nie geraucht
Metropolen:	Hamburg
Restaurants:	BlockHouse
Reiseländer:	Dänemark
Filme:	Ziemlich beste Freunde
Nachtclubs:	???
Romantik-Tipps:	Kaminfeuer im Ferienhaus in Dänemark
Zeitschriften:	Brigitte Woman
Wellness-Tipps:	Sauna!

Profil | Bilder | Nachrichten | Matchings

playingamez **(34):** Na du sexy Gänseblume.. lust dich pflücken zu lassen?;-)

Itzehoe1966 **(47):** Hallo kleine Gänseblume, ich möchte Dich nicht pflücken, aber ich könnte mir durchaus vorstellen, dir beim wachsen zuzuschauen ;-)) Ich habe mir dein Statement durchgelesen,und habe festgestellt das Du mir aus dem Herzen schreibst.zu meinen Fahrern sage ich immer »schnell, geht nur kaputt« was so viel heißen soll wie lasst euch Zeit und fahrt mit Bedacht.

Roland4u **(46):** Hallo Gänseblume, was für ein schöner Name für eine attraktive Frau, mein Lieblingsblümchen – hab früher immer einen großen Strauss gepflückt, und meine Nase tief reingesteckt :-) Ich finde das wunderschön, was Du schreibst – Nähe, Vertrauen, bedingungslose Liebe und natürlich Treue, das sind Dinge, die ich mir auch nach einigen Enttäuschungen wünsche.

duftertyp35 **(48):** hallo gänseblümchen, habe auch ein Haus und würde dir gerne beim Ausbau des Dachbodens helfen. Melde dich doch mal..

LetzterAufruf **(58):** das mit dem dachboden kriegen wir hin ;-) lg

Hardy64 **(49):** Ich finde es schade das du ein paarmal auf die Nase gefallen bist ,weil man eigentlich ein Gänseblümchen nicht fallen läst.Du hast so ein geheimnisvolles lächeln .Ich würde mich freuen mit dir mal Kaffe trinken oder Candle-Light-Dinner zu verbringen. Aber lass uns zeit kennen zu lernen.

173

Ofenwärmer (47): Gänseblume, sei tapfer, du bist ne hübsche Frau, aus der mann eine Rose machen sollte.

Kavalier2014 (49): hallo Ganz süsser Text. Und Bild auch. *Schmunzel Welcher Mann würde sich nicht so eine, meiner Meinung nach, seltene Chance wünschen, mit so eine herzlichen Frau durchs Leben zu gehen.

shyone (44): ich glaube auch an die große liebe.

Adlerblick (45): Hallo, ich habe eben dein Statement gelesen. Es hat mich tief berührt und zu gleich mir Mut gemacht dich anzuschreiben. Du bist ein sehr feiner Mensch und sicher sehr lieb. Ich würde dich, wenn du es mir erlaubst sehr gerne in Kontakt mit dir treten.

DerTraeumer (47): Wahnsinn ......liebe Gänseblume46 ....die du gar nicht bist, sondern eine Rose ......innerlich wie auch äußerlich ....ich habe erst nur deine Bilder gesehen ....dein wunderschönes Gesicht ....deinen Blick ....deine Augen ....wie du dein Haar trägst ....aber als ich gelesen habe was du da schreibst ist es mir tief durch mein Herz gegangen und ich habe mich gefragt ob das möglich ist ....denn was du geschrieben hast, könnte exakt aus meiner Feder stammen ....ich sehe aus deinen Bildern und deinen Zeilen, dass du eine unglaubliche Zartheit hast ......das Bedürfnis endlich mal anzukommen ....so wie ich auch .....nach Treue, Zärtlichkeit .....ehrlicher Liebe ......zusammen alt zu werden .....

Friedel_Essen (55): Liebe Gänseblume, Deine Profilseite gefällt mir sehr und Dein schöner Text hat mich sehr begeistert. Sehr gern möchte ich in Deine wunderschönen Augen sehen, dich sehr viel näher kennenlernen. Ich wäre gern wieder für eine so liebe und auch begehrenswerte Frau, wie dich da.

Bosshoss40 (29): magst du nette jüngere männer?

Endlich ankommen

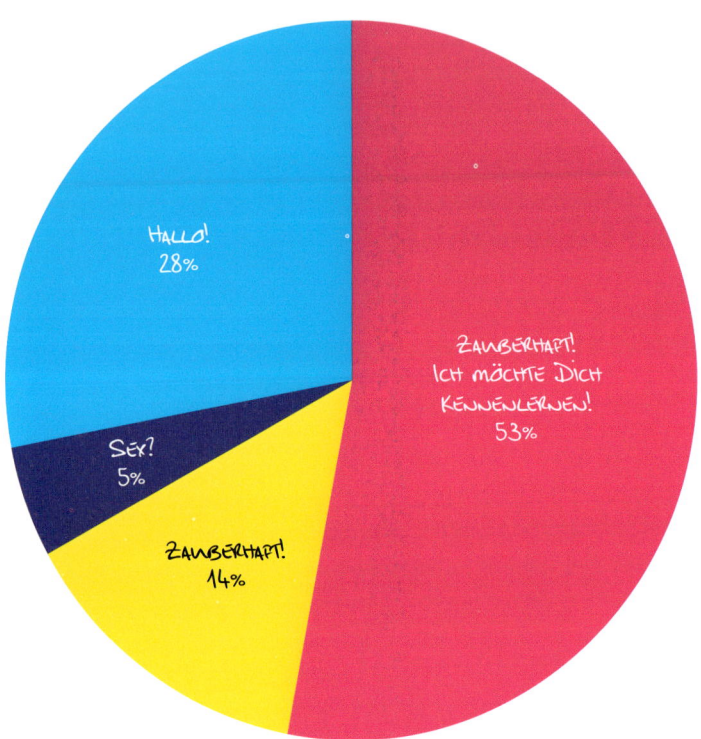

Ich kann mich noch genau erinnern, was ich fühlte, als ich *Gänseblume46* online stellte. Nämlich: Also, wenn sie niemand will, dann nehme ich sie. Obwohl ich ja eine Frau bin. Man sieht sie an und fürchtet, dass sie alleine bleibt. Obwohl sie sich doch so nach einem Partner sehnt. Man will sie unbedingt retten.

Und so wurde aus *Gänseblume46* die größte Überraschung dieses sozialen Experiments: Die ehrlichsten, liebevollsten und schönsten Zuschriften bekommt eine 46-jährige Hausfrau mit Katzen und Meerschweinchen, mit blassblauer Bluse, omahafter Perlenkette und schrecklich unmoderner Brille. Viele, viele Zuschriften – und fast alle viel zu lang zum Zitieren. Romane. Lebensgeschichten. Liebeserklärungen. Obwohl ich auch hier wieder Stellen eingebaut habe, die misstrauisch machen könnten: Niemand vermutet ein Fake. Niemand spottet über die Meerschweinchen. Und alle möchten beim Dachboden helfen: »Handwerklich bin ich tatsächlich geschickt, es würde mir bestimmt Spaß machen, mit Dir im Team den Dachboden auszubauen.« – »…und das mit dem Dachboden können wir besprechen…denn ich bin Elektriker…und kann mir das vorstellen!!!…lach« – »Meine handwerklichen begabungen sind in den letzten Jahren zwar ein wenig eingerostet, aber ich denke, dass mich durch aus um den Keller und den Dachboden kümmern kann.«

Keller UND Dachboden! *Friedel_Essen* (55) ist zwar kein Turbo-Handwerker, weiß aber dennoch Rat: »Zwar habe ich noch keinen ganzen Dachboden alleine ausgebaut, aber sicher wird mein Bruder den einen oder anderen Rat geben, der hat das für seine Familie in Dorsten schon gemacht.« Das Problem hat *Ewu66* (46) nicht. Dafür ein anderes: »mit deinem Dachboden könnt ich helfen…lach habe einen kleinen baubetrieb … aber in Herzens Angelegenheiten wird mir das nicht viel helfen trotzdem LG«

Selbst fünfzehn Jahre jüngere Männer bewerben sich, Männer, die 200 Kilometer weit weg wohnen. *Gänseblume46* scheint eine echte Traumfrau zu sein. Obwohl oder weil sie immer als Erstes fragt, ob der andere denn auch an einer ernsthaften Partnerschaft interessiert sei. Sie sind. Alle. Und sie können es auch mit warmen Worten begründen: »Ja, bin ich. war immer ein schönes gefühl abends im dunkeln nach hause zukommen, und es brannte licht.« – »Ich finde, dass man(n) sich immer wünscht, den richtigen Partner an seiner Seite zu haben und mit ihm dann den Rest des Lebens zu verbringen.« – »ja, denn ich möchte nicht länger alleine sein. All meine Freunde haben eine Partnerin. Ist manchmal komisch wenn wir weg gehen zu dritt oder fünft.« – »Natürlich bin ich das, denn ich möchte endlich mal für immer mich bei jemandem angekommen fühlen.« – »Es fehlt etwas an meiner Seite. Jemand mit dem man lachen und weinen kann. Quatsch machen, herum albern, necken. Mir fehlt die verlässliche Vertraute.« – »So auf Dauer mag ich auch nicht alleine Leben. Ich möchte gern wieder für meine Partnerin da sein, die Zweisamkeit geniessen.« Natürlich grenzen sich auch *Gänseblumes* Verehrer von ihrer unseriösen Konkurrenz ab: »Für mich kommt nur eine Zukunftsorientierte Partnerschaft in frage für irgend welche Spielchen oder wie so gern gewünschte Offene Beziehung habe ich weder Lust noch Interesse ....da ich nicht Genitalgeleitet bin.« – »Aus dem Alter derer die nur etwas zum spielen suchen bin ich schon etwas länger raus.« Und alle, alle bekennen: »Ja, ich suche etwas Ernstes und keine Larifari Beziehung.«

Und fangen dann an, von sich zu erzählen. Und um sie zu werben.

Hier findet sich alles, was ich sonst so oft vermisst habe: Höflichkeit. Respekt. Interesse. Wärme. Offenheit. Fürsorge. Treue. Wahrhaftigkeit. Echte Gefühle. Tiefe Sehnsucht. Romantik. Hier ist sie: die Liebe. Männer, die es ernst meinen, die sich richtig Mühe geben. Die nicht drängeln, aber auch nicht vergessen und nicht nachlassen – weil sie sich verliebt haben. Ihre Zuschriften rühren mich oft zu Tränen. Warum, frage ich mich, gibt es Single-Frauen in Deutschland, wenn solche Single-Männer da draußen unterwegs sind?

Erotik überfordert. Esoterik irritiert. *Gänseblume46* entlastet. Was sie möchte, ersehnen diese Männer auch: Zweisamkeit, Treue und die uralte Rollenaufteilung: Ich füttere die Meerschweinchen – du baust den Dachboden aus. Bevor ihr darüber lächelt, werft einen Blick in ihre Seele. Hier ist *Gänseblumes* Dialog mit einem 47-jährigen Single aus Lüneburg:

elbe1966 **15:39:** Ein erstes Hallo. Ich habe mir Dein Profil angeschaut und eine sehr interessante Frau mit einem wunderschönen und charmanten Lächeln entdeckt. Mir ist klar, dass ich kein Adonis bin, aber falls das für Dich nicht sooo wichtig sein sollte, und Dich mein Profil nicht abschreckt, dann würde ich mich sehr freuen, wenn ich Dich etwas näher kennenlernen dürfte. Ich suche wie Du eine dauerhafte, innige Beziehung, wenn möglich für den Rest meines Lebens.

Auch falls Du kein Interesse haben solltest, wäre eine kurze Antwort sehr nett. Ich wünsche Dir noch einen schönen Tag und vielleicht bis bald.

Liebe Grüße Hannes

Gänseblume46 **15:46:** Lieber Hannes, danke für dein liebes Schreiben. Bist du denn wirklich an einer ernsthaften Partnerschaft interessiert? Leider werde ich hier viel veräppelt, so dass ich doch leider nachfragen muss. Liebe Grüße Angelika

elbe1966 **16:03:** Liebe Angelika,

ich kann Deine Skepsis gut verstehen, denn hier sind wirklich ein Haufen Idioten unterwegs, die es leider auch ehrlichen Männern wie mir, schwieriger machen. Aber um Deine Frage zu beantworten: Ja, ich suche definitiv nach einer dauerhaften, liebevollen Beziehung. Ich möchte in dieser Hinsicht endlich ankommen, wenn Du verstehst was ich meine. Ich möchte eine Partnerin finden, die mir die gleiche Geborgenheit geben kann und will, wie ich Ihr, und die für mich die gleiche Leidenschaft empfinden kann, wie ich für Sie. Ich möchte eine Partnerin, mit der ich die guten Zeiten im Leben gemeinsam genießen und mit der ich die schlechte Zeit gemeinsam duchstehen kann.

Auch der Austausch körperlicher Zärtlichkeiten ist mir dabei nicht unwichtig. Aber einfach ausgedrückt: Ich möchte lieben!

Liebe Grüße Hannes

elbe1966 **17:41:** Liebe Angelika,

ich hoffe ich habe jetzt nichts geschrieben, was Dich erschreckt hat. Falls Dir etwas an dem was ich geschrieben habe merkwürdig vorkommt oder Du was doof findest, dann frage ruhig nach. Ich würde gerne Missverständnisse vermeiden. Männer und Frau sind nun mal in ihrer Art sich auszudrücken und Dinge zu interpretieren sehr unterschiedlich. Ich würde mich freuen, wieder etwas von Dir zu lesen.

Liebe Grüße Hannes

Gänseblume46 **22:37:** Lieber Hannes, bitte mach dir keine Sorgen. Was du geschrieben hast war alles ganz wunderbar. Ich bekomme aber so viel Post dass es mich ganz verwirrt. Bitte gib mir ein wenig Zeit zum Nachdenken, ich hatte nicht damit gerechnet und muss jetzt erst mal all diese Profile lesen. Alles Liebe Angelika

elbe1966 **23:20:** Liebe Angelika, nimm Dir die Zeit, die Du brauchst, schau genau hin, und sei vorsichtig. Man wird hier schneller verletzt, als man denkt. Liebe Grüße Hannes

elbe1966 **20:56:** Hallo Angelika, ich wünsche Dir eine gut Nacht und ein schönes Wochende. LG Hannes

Gänseblume46 **00:38:** @))))

elbe1966 **12:41:** Es ist schon erstaunlich, aber ich schaue mir jeden Tag mehrfach Dein Profil an, nur um Dein Lächeln zu sehen :-) Das hatte ich bischer auch noch nicht.

Liebe Grüße und genieße die Sonne! Hannes

elbe1966 **11:47:** Liebe Anglika, ich wünsche Dir einen schönen, sonnigen Sonntag und hoffe, dass ich bei all den Verehrern noch eine Chance habe, Dich näher kennenlernen zu dürfen ;-)

Liebe Grüße Hannes

Gänseblume46 **12:46:** Lieber Hannes, ich freue mich immer, wenn ich von dir lesen kann. Bitte gib mich noch nicht auf und lass mir noch etwas Zeit.

Liebe Grüße Angelika

elbe1966 **16:39:** Klar! Ich freue mich auch immer wenn ich wieder was von dir lese. Liebe Grüße und bis bald Hannes

elbe1966 **9:56:** Hallo Angelika,

schade, dass Du Dich gar nicht mehr meldest.

Liebe Grüße Hannes

Gänseblume46 **11:25:** Lieber Hannes, ich muss dir leider sagen, dass ich hier inzwischen jemanden gefunden habe … ich danke dir für deine vielen lieben Zeilen und hoffe, du wirst hier ebensoviel Glück haben wie ich.

Angelika

elbe1966 **12:00:** Hallo Angelika,

das ist zwar sehr schade für mich, aber ich wünsche Dir dennoch alles Liebe und viel Glück. Falls es vielleicht doch nicht das Richtige sein sollte und ich in der Zwischenzeit noch niemanden gefunden habe, dann darfs Du uns gerne eine zweite Chance geben.

Ganz liebe Grüße und schöne Feiertage

Hannes

Dies ist ein lustiges Buch. Aber *Gänseblumes* Verehrer haben keinen Spott verdient. Ich ziehe vor ihnen den Hut. Diese Männer tragen keine coole Maske. Ihre ehrlichen und ungeschützten Liebeserklärungen haben eine Würde, die alles in den Schatten stellt. Sie geben einem den Glauben an das Gute in den Männern zurück. Alles, was sie bräuchten, wären bessere Fotos.

Profil   Bilder   Nachrichten   Matchings

kobold38:
Die lustige Provokante

Persönliches Statement

Seien wir ehrlich: Du willst das Eine. Ich will das Eine. Aber da ist dies eine Problem, Schnuckelchen. Was passiert nach dem Sex? Da muss ich dich ja auch noch ertragen. Von deinen büschelartigen Nasenhaaren abgesehen … und übrigens: Deo ist die Abkürzung für Deodorant. Hat was mit deinem etwas penetranten Achselgeruch zu tun, Hase … und deine Fußnägel .... wie soll ich mich ausdrücken …DAFÜR GIBT ES NAGELSCHEREN!

Also: Ein gewisser IQ ist für Nach-Sex-Gespräche nicht nachteilig, selbst wenn du Mittelstürmer beim FC Köln bist (gibt's den noch?). Noch besser wäre es natürlich, wenn du Literaturnobelpreisträger wärst. UND Mittelstürmer beim FC Köln. Dann wären mir deine Deutschkenntnisse auch nicht so wichtig …

Also, Hasilein: Wir machen jetzt einen Test. Damit ich weiß, ob ich dir erlaube, mich rumzukriegen (schönes Wort, übrigens. Und niedlich, dass Männer glauben, SIE hätten da etwas veranlasst …)

– Woran denkst du bei dem Wort Pflaume?
– Und bei Banane?
– Was glaubst du, wer Rilke war, und welches Gedicht von ihm würdest du gerne auswendig kennen?
– Warum kannst du es dann nicht auswendig, mein Hamster?

- Möchtest du nach 20 Jahren mal wieder im Stehen pinkeln, traust dich aber nicht?
- Findest du es wirklich männlich, im SITZEN zu pinkeln?
- Was glaubst du, was eine Frau am allermeisten anmacht? (Nein, DAS NICHT. Gähn … wobei … mmh …)
- Worin unterscheiden sich Männer generell von Hasen, und worin auch wieder ganz und gar nicht?
- Meinst du, du schaffst es, mich zum Lachen zu bringen?
- Warum gibt es nichts Schlimmeres, als jemand, der witzig sein will, es aber nicht ist?
- Warum passiert dir das andauernd?
- Was ist ein »Tampon«?
- Kannst du die Philosophie von Georg Wilhelm Friedrich Hegel in drei Sätzen zusammenfassen? (Cooler Typ. Vom Schwäbeln abgesehen. Liebe Schwaben – bitte NICHT MELDEN!!!! ICH MELDE MICH AUCH NICHT ZURÜCK!)
- Was sagt der Schwabe beim Orgasmus?
- Was bedeutet das Wort »Deo«?

So Männer. Ich will keine Standardtexte. Sondern ANTWORTEN!!!!

Profil

Alter:	38
Größe:	1,64
Figur:	schlank
Sprachen:	Deutsch, Englisch, Italienisch
Letzter Abschluss:	Universität (Ausland)
Metropolen:	Reykjavik. Genua. Lummerland.
Restaurants:	Es gibt da so'n Sizilianer auf Borneo …
Reiseländer:	Tahiti, die Südspitze. Grönland. Madagaskar.
Filme:	Och, so einige.
Nachtclubs:	Uiuiui! Solche verruchten Dinge macht Ihr hier?
Bars:	Bar jeder Vernunft
Romantik-Tipps:	Mit Messer und Gabel essen.
Zeitschriften:	Spiegel-Leser müssen leider draußen bleiben!
Wellness-Tipps:	Hach! Oder well, well, wie der Engländer murmelt
Fitnessclubs/Spas:	Hieß das nicht früher Gymnastik?

Profil **Bilder** **Nachrichten** **Matchings**

Sammy_74 (38): vielleicht solltest Du es erstmal zeigen das Du es wert bist diese äußerst dummen Fragen zu beantworten!!!

Davit (46): Du verlangst eindeutig zuviel von diesem Forum. Wie soll denn der Sex dann aussehen, wenn der Kandidat vorher so unter Stress gestanden hat? Da hilft auch das hübsche Augenklappern nicht mehr …

achilles32 (39):…meinst du wirklich ....das sich das ein Mann alles durchliesst :-)

fahrlehrer (36): und: gab's schon freiwillige für deinen idiotentest?

ameisentroll (44): Du bist ein bischen kompliziert, was?

frühaufstehen (41): Das kannst du doch unmöglich ernst meinen bezüglich deines »Persönliches Statement«?? Wie auch immer, ich habe selten so etwas Dummes Gelesen. Ich hoffe nur das sich kein Mann auf dieses Erniedrigendes und Entürdigendes »Spiel« einläßt.

MyDestiny (44): So eine hübsche Dame, aber ändere Dein Vorwort sonst bekommt man gleich Kopfkino und malt sich Deine Negativerlebnisse aus,igitt wie konnte das denn passieren,lach. Zwinker MfG

Happyend75 (38): Hi Kobold, wie lang habe ich Zeit so viel Fragen zu beantworten und haben meine Mitbewerber wirklich eine 14 Punkte Antwortliste zugestellt. Puh. Und das am frühen morgen. Ich passe und troll mich wieder.

glücksgott (44): oh Gott, mußt Du anstrengend sein. na dann mal viel glück

heinspack (37): da ist die führerscheinprüfung ja ein scheißdreck dagegen.

Heisssss (43): Na Du Kobold, heiße Stümpe! Nee, ich will nicht nur das Eine, ICH WILL ALLES! Aber ob von Dir??? Und wenn Du noch weitere endmannende Kosenamen wie »Schnuckelche«, »Hasenpups« und »Hamsterle« für mich hast, klapp es nicht mal mit dem Sex....womit ich um den IQ-Test danach rum komme. Rauchen tu ich ja nu auch nicht tun. Mich erträgt man nicht, mich erleidet man! Nö, auf Deinen Fragebogen happ isch keine Lust....und auf Hegel nach'm Sex auch nicht. Wenn Du interessiert bis, gib mal 'n Laut. Denn bis dann.

lebenstraum (42): Ich habe das Gefühl, dass sich die Männer, nach denen Du eigentlich suchst, nämlich jene, die ein wenig was im Kopf haben, sich nicht auf Deinen, na ich nenne es mal wohlwollend -Test-, einlassen werden, bzw. das Gefühl vermitteln wollen, als hätten sie Dir auf Grund Deines Textes geschrieben. Ich könnte mir vorstellen, dass Du einen zielgruppenrelevanteren Text hinbekommst!

paule333 (32): du musst einen richtigen knall haben :p
lach
spricht für dich ;-)

ProfWok (42): au weia...das wird ja immer besser hier! Das wäre was für RTL II :))

mischa-bln (37): Sind deine tollen Koboldsocken selbst gestrickt? Von dir?

mukondo (36): Hallo honey.. wie gehst..bei mir okay aber suche eine Frau wie du ...

Die Gewinnerin

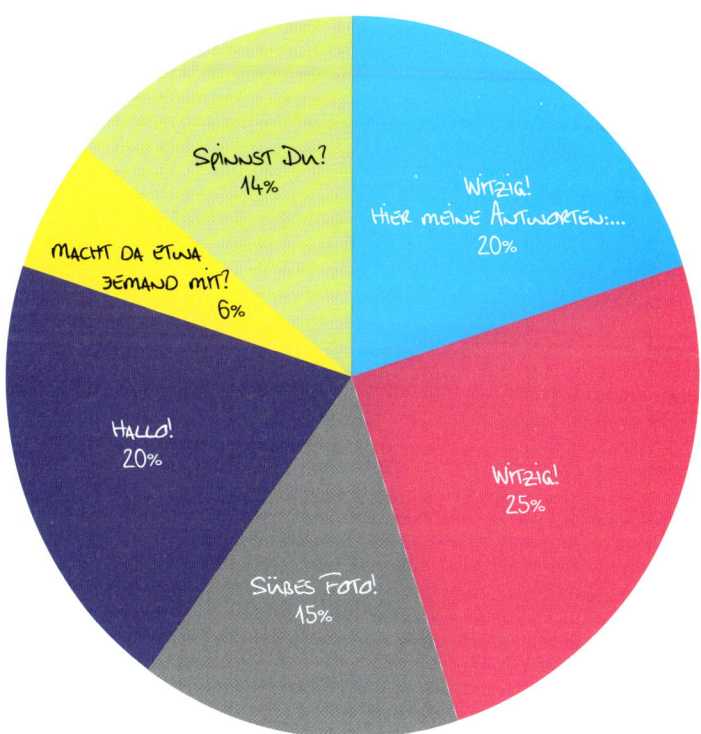

So, da habe ich euch mal in die Irre geführt. Denn das waren vor allem »Spinnst du?«-Antworten. Die große Mehrheit war dagegen restlos begeistert: »Sehr geil dein Statement sehr gut« – »Hey, irre cooles Statement.« – »Ich mußte so lachen … Best Statement ever!!!« – »Ein richtig starkes Statement« – »hihi, das ist ein lustiges Profil …« – »was habe ich gelacht!« – »wow das nenne ich ja mal ein Statement« – »Hammer …:-)«. Hättet ihr's gedacht? Diese 38-Jährige mit den Ringelsocken und dem seltsamen Bubikopf kriegt die meisten und längsten

Zuschriften. Jeder Fünfte beantwortet die 14 Fragen sofort, jeder Dritte auf ihr Nachhaken: »Hasenpfötchen – ich will ANTWORTEN!«

Was lieben die Männer so daran?

Sie bringt sie zum Lachen.

Sie redet offen und unverklemmt über Sex.

Sie macht es ihnen leicht, ihr zu schreiben.

Sie fordert sie heraus.

Sie hat dieses süße Foto.

Da schreiben die Männer wie verrückt. Übrigens – wie bei *Gänseblume46* – auch viel jüngere Männer. Ich kann jeder Frau nur empfehlen, es genauso zu machen. Männer lassen sich gerne testen und herausfordern, sie wollen zwölf Prüfungen bestehen, damit sich die Pforte des Glücks für sie öffnet. Nur, liebe Männer, es ist zwar lustig, aber auch tatsächlich ein Test. Mit zwei Aufgaben:

1. Ich habe dich zum Lachen gebracht. Bringst du mich auch zum Lachen?
2. Ich stelle dir 14 Fangfragen. Wie parierst du sie?

Fangfragen witzig beantworten – das wäre die Aufgabe gewesen. Und das haben viele leider nicht kapiert. Oder sie haben es kapiert und sind daran gescheitert. Das Gemeine: Die Fangfragen kreisen um das Thema Männlichkeit. Und die ist bekanntlich durch den Feminismus arg lädiert. Wer bei Pflaume an Vagina und bei Banane an Schwanz denkt, ist ein triebgesteuerter Neandertaler. Wer an Pflaumenkuchen und Bananenmilchshake denkt, ist ein verklemmtes Muttersöhnchen. Wer im Sitzen pinkelt, ist ein dressiertes Meerschweinchen. Wer im Stehen pinkelt, ein ungeduschter Prolet. Wer Rilke-Gedichte auswendig kennt, ist weltfremd oder schwul. Wer nicht, ist ungebildet. Hegel kennen die meisten nicht – aus Wikipedia abschreiben oder nicht? Hasen wollen immer nur rammeln. Gebe ich zu, dass ich das auch will? *Schaffst Du es, mich zum Lachen zu bringen?* Wer bejaht, ist eitel. Wer verneint, zu bescheiden.

Ich habe unendlich viele Antwortkataloge bekommen. Einige waren öde. Einige genial. Viele hatten irgendeinen Geistesblitz. Vier oder fünf Autoren hätte ich am liebsten sofort getroffen. Und hier kommt die Best-of-Zusammenstellung. Ich fürchte, so hätten wir Frauen das nicht hinbekommen.

1. Woran denkst du bei dem Wort Pflaume?
   » An eine ostdeutsche Grinsebacke
   » Schlechte Erinnerung an den Schrebergarten meiner Eltern, wurmig, Wespen im Kern aber sehr lecker … Pflaumensauce mit crispy Duck … der Knaller.
   » An das saftige, leicht gewölbte und sich fleischig Auffaltende, wenn man an den Seiten die Daumen sanft nach außen gleiten lässt. Ergo: lila wenn reif.
   » An den irren Duft von offener Weiblichkeit
   » An das Buch: »Wie man eine Feige isst«, welches ich im zarten Alter von 20 Jahren las. Mittlerweile könnte ich selbst ein Buch schreiben … hey, keine schlechte Idee. Wird bestimmt ein Bestseller!
2. Und bei Banane?
   » Willst Du auf irgendwas hinaus? Ist ja auch total Banane, Du Pflaume. Ich sage mal »Proteinriegel«.
   » EU-Wahnsinn der auf gleichem Level rangiert, wie die Stereotype Männer würden geil werden, nur weil eine Frau glaubt, eine Banane sexy essen zu können.
   » An eine Banane und wie mein Sohn »nane« sagt.
   » An das Gegenteil. Willensstärke, Durchhaltevermögen und Reibungsgewinne.

3. Was glaubst du, wer Rilke war, und welches Gedicht von ihm würdest du gerne auswendig kennen?

» Ach dem Fremden, der uns mißverstanden,

» ach dem andern, den wir niemals fanden,

» Na welches wohl? … das mit den Gitterstäben.

» Zuerst dachte ich an einen Fußballer, doch dann fiel mir grad ein, daß es da einen anstrengenden Ösi-Dichter gab. Die Liebenden?

» Rilke war undersexed.

» Wie ich dich liebe? Laß mich zählen wie.
Ich liebe dich so tief, so hoch, so weit,
als meine Seele blindlings reicht, wenn sie
ihr Dasein abfühlt und die Ewigkeit.

» Rilke war so ein komischer Typ (und dann noch diese Vornamen), von dem seine Exgeliebte Claire Goll schrieb: Er bereite sich immer 3 Tage auf einen gelungenen Beischlaf vor. Nur dann wäre er richtig. – Meinten Sie diesen Kerl?

4. Warum kannst du es dann nicht auswendig, mein Hamster?

» Damit ich es für dich lernen kann, mein Kätzchen.

» Ich bin nicht dein Hamster, sondern dein Hasilein

» … kann das dann bis nächste Woche, Frau Lehrerin.

» Weil mir dafür die Zeit und meine eigene Muse zu schade ist, mein Trötchen.

» Weil ich beim Lernen immer an etwas anderes denken muss, meine Stute

» Der Hamster dreht sich in seinem Rad und begreift nicht, dass er seinem tristen Dasein entfliehen kann, indem er mit dem Laufen aufhört. Würde er es tun, hätte er Zeit, sich auf andere Dinge zu konzentrieren, z. B. das Lernen des Gedichts. Da ich kein Hamster bin, werde ich mir die Zeilen des Gedichts ausdrucken und immer wieder mal durchlesen, um sie so eines Tages auch ohne Zettel zu können.

» Weil mit 46 die Festplatte vollgemüllt ist.

» weil ich konzentriert auf dein Bild starre!

5. Möchtest du nach 20 Jahren mal wieder im Stehen pinkeln, traust dich aber nicht?

» Ich stehe immer!

» Wie war die Frage nochmal?

» Doch, ich traue mich, und DU darfst zusehen!

» »Ein Snob ist, wer zum Pinkeln aus der Dusche tritt« (Ephraim Kishon). Wieso soll ich mich denn da hinsetzen?

» Haaaaaa, jetzt kann ich trumpfen. In meinem Haus hat JEDER Mann die Lizens zum Stehendpinkeln, Ich besitze ein Urinal !!! Jetzt kommst Du Zucker!!!

6. Findest du es wirklich männlich, im SITZEN zu pinkeln?

» maennlich ist sich nicht dauernd daran zu erinnern dass man ein mann ist…sagt Roger Willemsen.

» ich finde männlich, die Wahl zu haben

» Ja!! oka…jain!!

» es is bequemer mit dem ipad in der Hand frühmorgens

» Im sitzen pinkeln nur Mädchen !

7. Was glaubst du, was eine Frau am allermeisten anmacht? (Nein, DAS NICHT. Gähn … wobei … mmh …)

» Dabei geht mein flüsternder Mund ganz dicht an ihr Ohr und findet die Gänsehautstelle

» ein lächeln, ein blick und ungeteilte aufmerksamkeit

» schuhe, in der neuen umhängetasche nach hause getragen.

» … oh du Wilde ….gib mir Tiernamen…schlag mich …. ooh Liebling halt ein es riecht nach verbranntem Gummi …

» die Illusion ….

» Am meisten macht eine Frau natürlich Humor an, solange bis der Blödmann aus der Rasierklingenwerbung um die ecke kommt, dann ärgert sie sich lieber mit dem rum, und hat nix mehr zu lachen.

» Bedingungslose Liebe und Männer in Latextangas ….

8. Worin unterscheiden sich Männer generell von Hasen, und worin auch wieder ganz und gar nicht?

» Männer sind auch nach Ostern noch interessant

» wir sind langsamer. Wir sind auch ganz niedlich

» Wenn Rammelphilie und Pummelschwänzchen eine Schicksalsgemeinschaft eingehen. (Kenn ich jedoch nur aus der Theorie.)

» Hatte früher mal ein Hasen. Der war mir sehr ähnlich … oh falsche Antwort

» gibt keine Unterschiede: Mann = Hase

» Im chinesischen Tierkreis bin ich Ratte, keine Ahnung

» Der Hase trägt die Eier auf dem Rücken.

» Beide werden nicht gern Hase genannt.

» Meinst Du, der Hase hat sich das auch schon mal gefragt?

9. Meinst du, du schaffst es, mich zum Lachen zu bringen?

» Nein

» sicher,wenn ich dich mit meinem Dreitagebart an den Fußsohlen kitzel

» Du denkst doch eh auch nur an Sex!

» die frage ist doch: schaffe ich es das du mal mit lachen aufhörst!?

» gegenfrage: meinst du, du schaffst es, mir einen multiplen orgasmus zu bescheren?

» Stöhnst Du nicht eher beim Sex?

10. Warum gibt es nichts Schlimmeres, als jemand, der witzig sein will, es aber nicht ist?

» Es gibt leider Schlimmeres.

» der künstler kann ja nix für sein publikum

» Leute, die witzig sein wollen, aber es nicht sind, sind witzig.

» Das Leben ist ungerecht!

» Weil ich es trotzdem immer wieder versuche … Lieber einen Freund verloren, als einen Witz verschenkt.

» Das Schlimme daran ist, wenn diese Personen noch versuchen, selbst über ihre eigenen Witze zu lachen.

» Schlimmer ist es wenn man gerade versucht eine Frau zu küssen, dabei ganz sanft ihre Lippen berührt und wenn man dann gerade anfangen möchte intensiver zu werden und die Lippen leicht öffnet, plötzlich niest! Da kann die ganze Welt über meinen Witz nicht lachen und es ist mir egal.

» Warum kaufen Leute Opel, wenn sie ein Auto wollen?

11. Warum passiert dir das andauernd?

» Bei mir ist das Leben ganz besonders ungerecht!

» mir passiert es andauernd, dass ich bei finya.de auf langweilige frauen stoße.

» Ich habe ein paar Referenzen, mein Herz. Die nenne ich aber nicht.

» weil ich zu viel Bier trinke

» Weil ich einen Mercedes fahre.

12. Was ist ein »Tampon«?

» vampirisch fuer teebeutel.

» Grund für Handtaschen.

» Gute Ausrede für: keinen Sex zu haben

» es ist schlicht ein Druckfehler und sollte »Tampen« heißen (ich alter Seefahrer)

» Im türkischen ist es die Stoßstange eines Autos
» schickste deine typen das immer einkaufen und amüsierst dich dann, was ihnen beim einkauf passiert?

13. Kannst du die Philosophie von Georg Wilhelm Friedrich Hegel in drei Sätzen zusammenfassen?

» ja kann ich
» ne, wozu? dazu reicht einer!
» scheißegal – überbewertet. marx, engels und de sade interessieren mich mehr.
» Gemäß Schopenhauer: »Hegel, ein platter, geistloser, ekelhaft-widerlicher, unwissender Scharlatan[…]«
» ich kenn die hegelallee. und das muss in diesem zusammenhang auch genügen.
» Der Begriff ist bei Hegel der Unterschied der Dinge selbst. Der Begriff ist Negation und Hegel drückt es auch noch plastischer aus: der Begriff ist die Zeit. In der Philosophie der Natur kommen daher keine neuen Bestimmungen hinzu.

14. Was sagt der Schwabe beim Orgasmus?

» A bitz hesch scho no kennt.
» Sodele, jetzedle!
» Hanoi …
» Irgendwas ganz niedliches. bestimmt.

Ja, als Kobold macht Internetdating richtig Spaß. Liebe Mit-Frauen: Lamentiert nicht. Kopiert einfach mein Rezept. Dann melden sich die richtig tollen Kerle. Und liebe Männer: Ihr dürft auch mein Rezept kopieren. Bringt uns zum Lachen. Redet unverklemmt über Sex. Macht es uns leicht, euch zu antworten. Fordert uns heraus. Und stellt ein cooles Foto rein. Glaubt mir: Das reicht.

Auswertung:
Was funktioniert. Und was nicht.

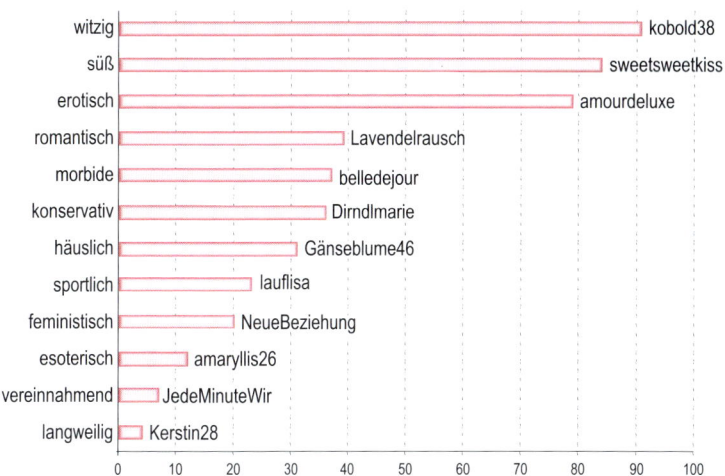

So, jetzt kommen die harten Tatsachen. Das ist die Statistik über die Natur des Mannes, das Balkendiagramm des Begehrens, die Liste der Lust. Hier könnt ihr auf einen Blick sehen, wie viele Zuschriften meine zwölf Lockvögel unter standardisierten Bedingungen bekamen: Zwei Tage Großstadt, durchgehend online, kein Stöbern in anderen Profilen. Mindestens vier Dinge überraschen:

1. **Männer machen Unterschiede.** Und zwar große. Keineswegs schreiben sie stupide jede Frau an, die ihnen vor die Flinte kommt (okay, den Typus gibt es auch, dazu später). Die Anzahl der Zuschriften variiert zwischen vier *(Kerstin28)* und 91 *(kobold38)* – das ist 23-mal so viel. Und zwar egal, in welcher Großstadt man sie starten lässt. Manche Eigenschaften wirken magnetisch auf Männer, andere stoßen sie ab. Aber welche?

2. **Humor schlägt Sex.** Das feministische Mainstream-Vorurteil besagt: Männer wollen nur Sex, und zwar nur mit jungen Frauen. Beides ist falsch. Ja, aufregende Erotik *(amourde-luxe)* und unverbindlicher Spaß *(sweetsweetkiss)* landen in der Spitzengruppe. Aber Kobold schlägt beide. Man sieht es nicht nur an der Zahl, sondern auch an der Art der Zuschriften: Männer sind geradezu ausgehungert nach Kobolds Fröhlichkeit und Selbstironie, nach ihrer Bildung und ihrem intelligenten Humor. Kein Wunder, wenn man mal in anderen Frauenprofilen stöbert. Dort regieren missgelaunte Negativlisten, eintönige Adjektivreihen und dröger Ernst. Die divenhafte Prinzessin auf der Erbse verkündet, wer sie nicht anschreiben darf, worauf sie keinen Bock hat, dass sie gerne Salsa tanzt und der Mann bitte »humorvoll« sein soll. Und bitte ab 1,85.

3. **Seelenverwandtschaft schlägt Alter.** Während die ältesten Lockvögel die Plätze 1, 5 und 7 belegen, sind die drei Frauen mit den wenigsten Zuschriften alle unter 30: *amaryllis26*, *Kerstin28* und *JedeMinuteWir*. Weil Männer nichts schlimmer finden als Esoterik, Langeweile und Zweisamkeitsterror. Macht sie das nicht grundsympathisch? Die attraktiven Lockvögel werden dagegen durchgehend auch von jüngeren Männern angeschrieben, teilweise von deutlich jüngeren Männern. Unseren etwas wehleidigen *Hilfe wir sind zu alt*-Komplex können wir uns also sparen.

4. **An unsere schlechte Laune haben sie sich gewöhnt.** Das finde ich persönlich bitter: wie gut *NeueBeziehung* und *belledejour* abschneiden. Beide landen im oberen Mittelfeld. Zwei extrem kühle Frauen, die nichts Positives anbieten, sondern ihre moralische Anklage *(NeueBeziehung)* und ihren Ekel am Dasein *(belledejour)* stolz vor sich hertragen. Wie grußlos und unhöflich sie auch auftreten (»beschreib dich

mal« – »hast du denn interesse an einer ernsthaften beziehung?«), es fällt den Männern nicht mal auf. Brav beantworten sie alle Fragen, ohne auch nur den Namen ihres Gegenübers zu erfahren. Reflexhafte Unterwerfung unter weibliche Launen und Ansprüche – das scheint das traurige Ergebnis von 30 Jahren feministischer Gehirnwäsche zu sein.

5. **Trotzdem sehnen sie sich nach Behaglichkeit.** Das war für mich die andere große Überraschung – das gute Abschneiden von *Dirndlmarie* und *Gänseblume46.* Zu bieder, zu spießig, zu altbacken? Überhaupt nicht. Ehrliche Zuneigung und tiefe Sehnsucht nach einer heilen Paaridylle strömen ihnen entgegen. Beziehung als Geben und Nehmen: Meerschweinchen gegen Dachboden, tüchtig zupacken gegen Jäger mit Garten. Und schauen wir uns doch mal unsere Eltern und Großeltern an: Die feiern immerhin noch Goldene Hochzeit! Wir haben uns längst mit unserer seriellen Monogamie abgefunden.

Anteil der attraktiven, süssen und passenden Zuschriften

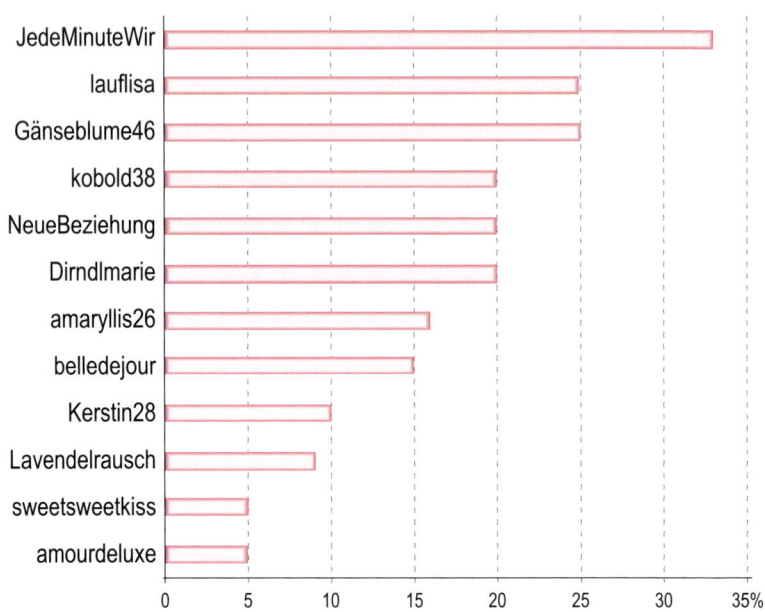

Spezialinteressen finden sich

Was Männer begehren, ist das Eine. Aber wofür eignen sie sich? Das steht im nächsten Diagramm – und plötzlich sieht die Welt ganz anders aus. Denn was nützen *amourdeluxe* und *sweetsweetkiss* die Unmengen von Zuschriften, wenn 95 % davon nichtssagend, langweilig oder eklig sind? Wenn man so viel Spam aussortieren muss, kann einem schon die Lust am Ganzen vergehen. Ratlos stehen die Männer auch vor Poesie. *Lavendelrausch* bekommt zwar die viertmeisten Anschreiben – aber davon verfehlen 91 % das Tor. *JedeMinuteWir* dagegen bekommt nur wenige Zuschriften, allerdings besonders viele süße und passende, nämlich 33 %. Typischerweise beginnen sie mit dem Stoßseufzer: *Endlich mal eine Frau, die mich versteht und meine Sprache spricht!* Worauf eine ausführliche und liebevolle Bewerbung folgt – ohne einen einzigen Rechtschreibfehler. Dasselbe gilt für *Gänseblume46* und *lauflisa.* Hier gibt es keine Sprüche, sondern Bekenntnisse und ehrliche Offenbarungen. Zwei Anschreiben von *Gänseblume46* oder *JedeMinuteWir* sind so lang wie 80 Anschreiben von *sweetsweetkiss.* Männer sind durchaus bereit, sich Gedanken zu machen und viel Zeit zu investieren – wenn sie das Gefühl haben, dass die Frau zu ihnen passt.

Es macht also gar keinen Sinn, sich als Mainstream-Frau zu präsentieren, wenn man es gar nicht ist. Wer sich für irgendetwas extrem begeistert – sei es Marathonlauf, Zweisamkeit, Schäferhunde, Moderne Kunst, Beziehungsarbeit, Meerschweinchen oder Meditieren –, sollte das auch genau so ins Profil schreiben. »Jeder Topf hat einen Deckel« (Sido). Und der passt dann auch. Gerade für exotische Minderheiten ist Internetdating ideal.

Anteil sexueller Angebote in den Anschreiben

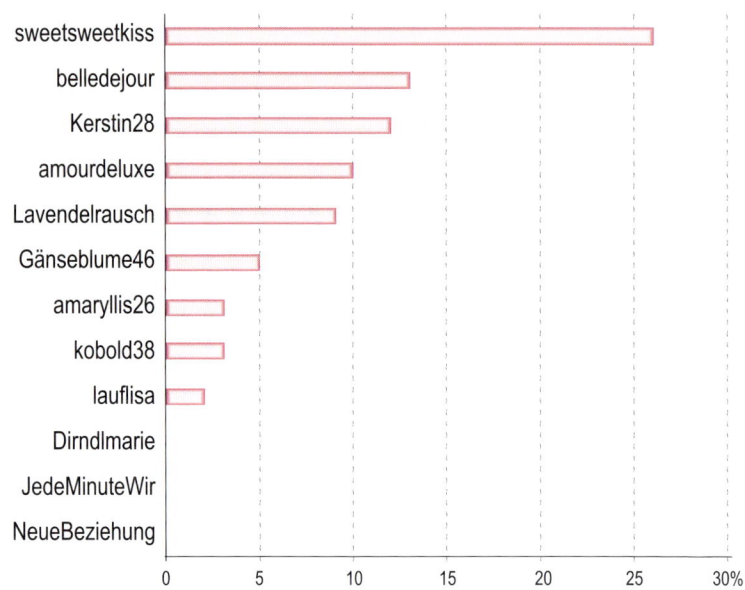

Wo ist der Spam?

Ein weiteres Vorurteil können wir gleich mal ins Altpapier einsortieren: die angebliche Flut obszöner Anschreiben. Wenn man sich durch weibliche Profiltexte klickt, fallen einem die zahlreichen Beschwerden darüber auf, dass Frauen in Singlebörsen permanent verbal belästigt würden (»Ficken?«). Meine Lockvögel beweisen: Das stimmt überhaupt nicht! Schaut euch mal die Zahlen an: *Dirndlmarie, JedeMinuteWir* und *NeueBeziehung* bekamen überhaupt keine eindeutigen Angebote. *Gänseblume46, amaryllis26, kobold38* und *lauflisa* unter 5 %. Und auch da waren es keine vulgären Entgleisungen, sondern Formulierungen wie »Suchst du auch was Lockeres?« (*talisman81*, 33), »Hast Du Lust auf lustvolle leidenschaftliche Begegnungen?« (*Aventure,* 38) oder: »Ich bin auf der Suche nach regelmäßigen inspirativen erotischen, sehr gerne spontanen Treffen und guten Gesprächen, sehr gerne bei einem Glas Rotwein. Viele Grüße.« *(Krystof1971, 42).* Ist das jetzt schlimm?

Nein. Erstaunlich ist doch eher, dass *amourdeluxe,* die immerhin nackt ist auf ihrem Profilfoto, nur 10 % (!) sexuelle Anfragen erhält. Und warum? Die meisten Männer sind einfach zu schüchtern. Sie sind ängstlich und verunsichert, sie möchten kein Brüderle sein, sie wollen zu den Guten gehören. So wie *DerMagier* (34): »Wenn du magst, schicke ich dir das eine oder andere Foto per E-Mail oder Skype zu. Und nein, natürlich meine ich damit keinen Schweinskram. Ist doch klar.« Nacktfotos sind also Schweinskram. Willkommen im 19. Jahrhundert!

Männer stehen nicht zu ihren sexuellen Interessen

Deswegen gucken sie lieber heimlich Pornos, gehen heimlich zu Prostituierten und trauen sich nur bei »schwach« wirkenden Frauen wie *sweetsweetkiss* oder *Kerstin28,* mal direkt und offensiv zu sein. Ein Trauerspiel. Aber wer Männlichkeit verdammt und bereits den Satz »Darf ich Ihnen meine Tanzkarte geben?« als sexistisch brandmarkt, darf sich auch nicht wundern, wenn nachher gar keine Männer mehr übrig sind.

Fake?

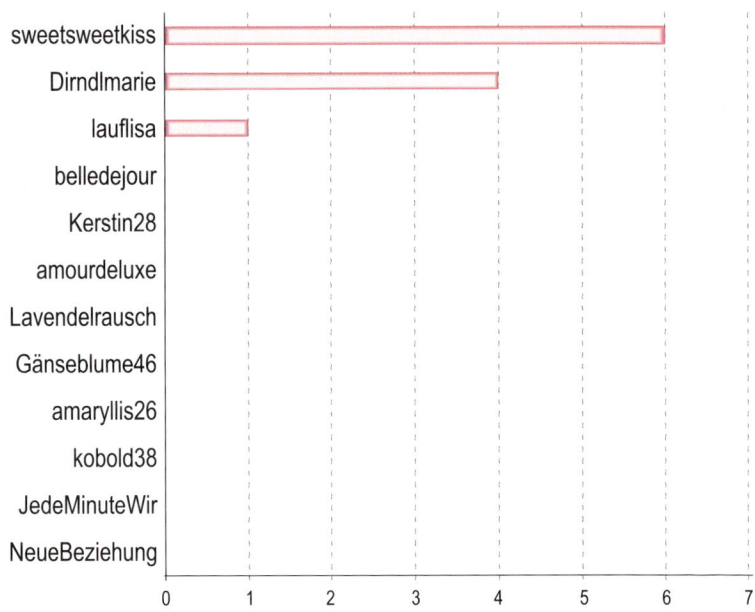

sweetsweetkiss	████████████ 6
Dirndlmarie	████████ 4
lauflisa	██ 1
belledejour	
Kerstin28	
amourdeluxe	
Lavendelrausch	
Gänseblume46	
amaryllis26	
kobold38	
JedeMinuteWir	
NeueBeziehung	

0 1 2 3 4 5 6 7

Männer trauen uns alles zu

Das ist vielleicht die größte und erschütterndste Überraschung: Nur bei drei Profilen wurde überhaupt der Verdacht geäußert, es könnte sich um ein Fake handeln. Bei *sweetsweetkiss (Eine Frau, die lockeren Sex will?)*, bei *Dirndlmarie (Andy Borg??)* und bei *lauflisa (Sonntagmorgens um 6???)*. Alle anderen wurden anstandslos durchgewunken. *amaryllis26* lässt den Tee in den Baum kommen, *Lavendelrausch* schwärmt vom »alkoholfreien Kokosmilchcocktail«, *belledejour* braucht »deine Hände wie ein Stück Brot im Winter«, *NeueBeziehung* schimpft über »Ungeduschte, Ohrhaarträger, BWLer und Umweltzerstörer«, *JedeMinuteWir* will »tanzen im eigenen Wohnzimmer«, und *Kerstin28* findet

»alles meistens ziemlich öde«. Und die Männer nicken nur mit dem Kopf. Ja, ja – kennen wir schon. So sind sie eben, die Frauen. Äh – sind wir wirklich so schlimm? Haben wir die Männer schon so abgestumpft und ihren Widerstand so grundlegend gebrochen? Vielleicht ist das ja das Problem: Wir haben uns zu Tode gesiegt. »Der dressierte Mann« heißt das Buch dazu – es ist von 1972. Und da gab es *Gender Mainstreaming* noch gar nicht. Penelope verwandelte die Männer in Schweine. Wir haben sie in zahme und leichtgläubige Hamster verwandelt, die ab und zu davon träumen, ein Schwein zu sein. Das ist die traurige Nachricht. Die gute Nachricht ist: Jeder noch so skurrile Lockvogel, den ich entworfen habe, hätte da draußen einen Partner gefunden. Selbst die reizlose und langweilige Kerstin haben insgesamt 36 Männer angeschrieben, unter ihnen einige grundsympathische und lebenslustige Typen. Das Internet bietet also eine Riesenchance – die man freilich auch nutzen muss. Davon handelt das nächste Kapitel.

3.

Die zehn grössten Flirtfehler

Es gibt viele Arten zu flirten: offensiv oder abwartend, wortreich oder geheimnisvoll, spöttisch oder romantisch. Selbst die auf Verführung spezialisierten Pick-up-Artists sind sich nicht einig, was besser funktioniert: kühle Distanz, liebevolles Einfühlen, trockener Humor oder direkte Anmache. Umgekehrt gibt es aber leider noch viel mehr Arten, das Flirten total zu versieben oder erst überhaupt keine erotische Atmosphäre aufkommen zu lassen. Männer sind da sehr erfindungsreich, gerade was den Chat betrifft. Er bietet zwar tausend Chancen, es schon vor dem ersten Treffen prickeln und knistern zu lassen – aber noch viel mehr Möglichkeiten, ein Treffen von vornherein zu vereiteln. Für alle, die nichts mehr fürchten, als tatsächlich mit ihrer Traumfrau im Bett, auf Mauritius oder vorm Standesbeamten zu landen, hier die bewährtesten Methoden, selbst die anspruchslosesten Frauen zu vergraulen:

Null Mühe geben

Sie sind uns schon ein paar Mal begegnet: die Genies, die sich damit begnügen, die Frau ihrer Träume mit vollkommen unpersönlichen Grußformeln anzuschreiben. »Hey,…wollte mal reinschauen und ein hallo da lassen«, »Hallo Hast Du Lust zu schreiben? LG« oder: »Hallo guten Abend ich mag dich sehr gern kennenlernen,lg«.

Diese Grundform wird nun vielfältig variiert. Einige fügen austauschbare Komplimente hinzu wie »Hey, mir gefällt dein Foto«, »hast ein sehr sympatisches Lächeln«, »schöne ausstrahlung :)«, »heyhey, siehst sehr sympatisch aus finde ich ;)« oder, etwas verknappt: »Hey :-) Nice pic. Gefällst mir« .

Beliebt sind auch Verweise auf die Woche, den Tag und das Wetter: »hast du eine angenehme woche bisher? =D«, »Hoffe du bist halbwegs jut durch die neue Woche bisher gekommen :)?!«, »Schönen Tag verbracht?«, »hattest du heute einen schönen tag?«, »kannst Du heute das gute Wetter tagsüber genießen?« oder »Hast du am WE das Wetter genossen?«.

Das alles lässt sich zu Anschreiben verbinden, die mehrere Zeilen umfassen, ohne irgendetwas Individuelles zum Ausdruck zu bringen oder einen Bezug zum Profiltext der Angebeteten herzustellen: »na du alles gut bei dir ? ich hoffe du hattest ein schönes wochenende und einen guteb start in die woche. villeicht hast du ja lust was zu schreiben und mich einfach mal spontan zu treffen und kennen zu lernen . würde mich freuen vg« (*mike05*, 30). 44 Wörter, null Inhalt.

Andere gehen den umgekehrten Weg der Verkürzung und Verknappung: »Einen schönen guten Tag Bin der Michael«, »hallo wie geht's denn so lg«, oder, Gipfel des Dadaismus: »Ich bin hier und du ;-)«.

Das waren immerhin noch fünf Worte. Viele schaffen es, mit

nur drei Worten auszukommen: »Super schönes Foto ;)«, »sehr sexy ;-) hallo«, »hallo schöne frau ;)«, »Hallo schöne Frau :)«, oder auch: »Hallo schöne Frau!« Bei manchen ist der Profilname bereits länger als das Anschreiben: »hey na du =)« (*himmelsgott088*, 25) oder »hey süße du« (*roberto-grande*, 30).

Noch Sparsamere begnügen sich mit zwei Wörtern und lassen Satzzeichen und Großbuchstaben auch gleich weg:

moin moin

guten tag

Am Ende bleibt nur ein Wort übrig:

Hallo

Kukuck

Hey ;)

Hi :-)

Toll!

huhu

Hi

Oder auch nur Icons:

:-)

^^

Mit zwei Zeichen ins Glück! Es ist interessant, mit wie wenig Buchstaben man wie viel sagen kann. Denn alle diese Null-Botschaften haben ja folgenden umfangreichen Subtext: »Ich habe weder deinen Steckbrief noch deinen Profiltext gelesen und verzichte auch grundsätzlich darauf, weil ich festgestellt habe, dass mir dazu sowieso nichts einfällt. Jedenfalls nichts, was dich dazu bringen könnte, mir zurückzuschreiben. Außerdem ist es mir im Grunde egal, wer du bist, Hauptsache, es antwortet überhaupt mal eine. Das kommt ja selten genug vor. Deshalb schreibe ich einfach alle Frauen aus meinem Postleitzahlenbereich an in der Hoffnung, eine kennenzulernen, die nicht ganz so langweilig ist wie ich selbst. Vielleicht klappt das ja eines Tages. Raffiniert, oder?«

Ich habe mir mal die Mühe gemacht nachzuzählen, wie viele Männer diese Strategie verfolgen:

Nichtssagend:

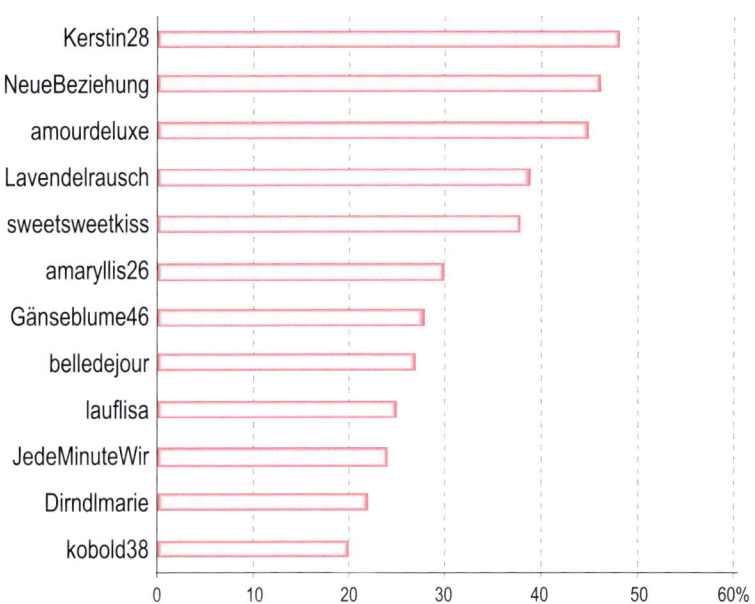

Interessant: Durch extrem inhaltsreiche und provozierende Statements wie von *lauflisa*, *Dirndlmarie*, *JedeMinuteWir* und *kobold38* kann man den Anteil der austauschbaren und inhaltslosen Botschaften auf 20 % bis 25 % reduzieren – aber weniger wird's nicht. Ein harter Kern bleibt, der sich darauf versteift: Einmal grunzen muss reichen. Wie aussichtslos dieses Vorgehen ist, zeigt folgendes Diagramm:

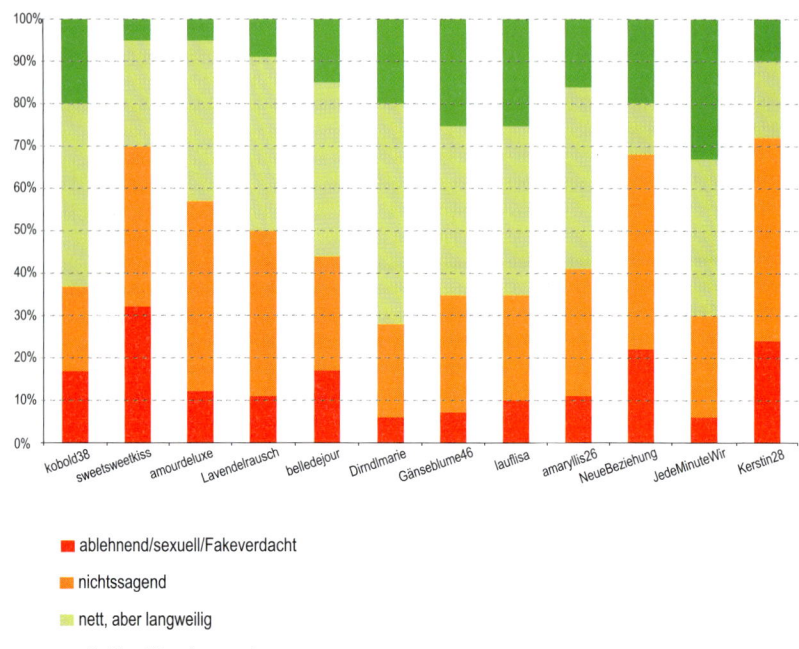

- ■ ablehnend/sexuell/Fakeverdacht
- ■ nichtssagend
- ■ nett, aber langweilig
- ■ attraktiv, süß und passend

Nicht schwer zu erkennen: Es gibt verschiedene Schichten von Zuschriften. Als Erstes beantwortet man die süßen, attraktiven und passenden – das sind zwischen 5 % und 33 %. Wenn man zu viel Langeweile hat, schreibt man noch welche aus der Fraktion *nett, aber langweilig* an – die machen zwischen 12 % und 52 % aus. Und dann erst, wenn überhaupt jemals, widmet man sich den »hey alles gut?«-Kandidaten. Mit anderen Worten – wer sich keine Mühe geben möchte, kann es entweder gleich sein lassen, oder er muss sich auf Frauen konzentrieren, die so attraktiv sind wie *Kerstin28*. Das ist, als würde man mit Wollsocken, Schlafanzughose und weißem Feinrippunterhemd in die Disco gehen. Man kann das machen. Die Erfolgschancen bei den Frauen sind allerdings begrenzt. Die Disco verlangt Aufbrezeln, die Singlebörse verlangt Schreiben. Wer dazu nicht bereit ist, wird hier wenig Schönes erleben.

Ich vermute übrigens, dass gar nicht Faulheit dahintersteckt, sondern ein falsches Verständnis von Männlichkeit. Nämlich der Gedanke: »Ich schreib mal *hey süsse,* das klingt verdammt cool …« Eben nicht! Denkt doch mal eine Sekunde an Barney Stinson aus *How I met your Mother,* den vielleicht berühmtesten Womanizer unserer Zeit. Ja, Barney sieht verdammt gut aus in seinem Anzug und mit seinem smarten Lächeln. Aber verlässt er sich darauf? Kriegt er die Frauen ins Bett, indem er *Hi* sagt? Nein. *Barneys Playbook* schildert mehr als 75 todsichere Methoden, eine Frau ins Bett zu kriegen. Er verkleidet sich als Lesbe, alte Dame oder arabischer Prinz, er gibt vor, Olympiasieger, Witwer, Organspender, Milliardär oder alleinerziehender Vater zu sein, er begibt sich in einen riesigen Luftballon, erklimmt das Empire State Buiding oder lässt sich ins Koma versetzen. Das ist alles sehr aufregend und mehr oder weniger erfolgversprechend. In jedem Fall macht es verdammt viel Arbeit!

Umsonst ist nur der Tod. Für die Liebe gilt noch viel mehr als für alles andere im Leben: Wer nichts gibt, wird auch nichts bekommen.

Bei sich selbst kopieren

Viele Männer geben sich zumindest etwas mehr Mühe: Sie verfassen einen Text, der irgendwie witzig, persönlich oder aktuell ist. Und in der festen Überzeugung, damit aber auch wirklich alles gegeben zu haben, verschicken sie ihn dann an alle Frauen.

Das Besondere bei diesen Anschreiben: Die ungeübte Leserin merkt nicht, dass das Standardtexte sind. Sie kommen einem wie spontan formuliert vor. Durch die Arbeit an diesem Buch habe ich erst gelernt, wie gruselig viele Männer dieses Verfahren einsetzen – als meine verschiedenen Lockvögel nämlich immer wieder dieselbe Post bekamen. *Jean-Claude* (53) schrieb zum Beispiel an *kobold38:* »Hallo, ich bin auf der Suche nach einer lustvollen und prickelnden Affäre. Da mir Dein Foto, aber auch Dein Profil sehr gefällt, habe ich mich entschlossen Dich anzuschreiben. Ich würde Dich gerne kennenlernen und wenn die Chemie stimmt gerne treffen. Liebe Grüße«

Später schrieb er genau denselben Text an *belledejour* (!) und *Gänseblume46* (!!!!). Die liebe Gänseblume, die nach einigen Enttäuschungen eine Schulter zum Anlehnen sucht … Geht es noch unpassender? Ist ihm das nicht peinlich?

Noch beliebiger ist *DerBernie* (29). Sein Standardtext geht so: »Hi, hattest du einen angenehmen tag bis jetzt? was stand bei dir an? :) während ich arbeiten musste und menschen leben gerettet habe. du machst den eindruck einer starken persönlichkeit :) LG P.«

Er schickte ihn an *NeueBeziehung, Lavendelrausch, sweetsweetkiss* und *Kerstin28.* Wirklich alles »starke Persönlichkeiten« – besonders *sweetsweetkiss* und *Kerstin28.* Möchte er mit irgendeiner dieser Frauen wirklich zusammen sein? Wir werden es nie erfahren. Vermutlich weiß er es selbst nicht.

Die »hey was geht«-Schreiber sind faul und einfallslos – aber sie stehen wenigstens dazu. Die Standardtextversender dagegen kaschieren ihre Faulheit und täuschen Kommunikation vor. Deswegen reagierten sie natürlich besonders verdattert, wenn ich sie darauf ansprach:

Krystof1971 (42): Hallo ich bin auf der Suche nach regelmäßigen inspirativen erotischen, sehr gerne spontanen Treffen und guten Gesprächen, sehr gerne bei einem Glas Rotwein. Liebe Grüße

belledejour: Hi, darf ich dich was fragen? Ist das dein Standardtext??

Krystof1971: Hallo nein das ist nicht ausschließlich ein Standardtext.

belledejour: äh … nicht ausschließlich???

Krystof1971: Na ja der wird je nach Intention angepasst.

belledejour: Äh, jetzt wird's interessant … also andere Frauen fragst du, ob ihr zusammen Radtouren macht?

Krystof1971: Wie gesagt das ist immer sehr verschieden.

Tja. Warum nur haben *Lavendelrausch* und *sweetsweetkiss* dann genau denselben Text bekommen? Wie er sich da herausredete, könnt ihr in den schönsten Dialogen am Schluss nachlesen.

Noch schöner reagierte mein absoluter Liebling, der mit seinem genialen Anschreiben vor *belledejour* schon *sweetsweetkiss, NeueBeziehung, amaryllis26* und *Lavendelrausch* beglückt hatte:

Carsten_1984 (29): guten morgen! hast dich auch schon durch den schnee zur arbeit gekämpft? würde mich freuen von dir zu hören und kann dir natürlich auch fotos von mir zeigen, kann hier leider keine aus beruflichen gründen reinstellen. Lg

belledejour: ist das deine standardmontagmorgenmail???

Carsten_1984: eigentlcih nicht

belledejour: und uneigentlich?

Carsten_1984: uneigentlich auch nicht. was ist los mit dir? :-) frustriert vom wochenende oder noch etwas müde?

Ach, Carsten. Nicht zu sich selber zu stehen ist nun wirklich das Unmännlichste, was ein Mann tun kann. Ich gebe aber gerne zu, dass mich die entgegengesetzte Reaktion auch nicht richtig glücklich gemacht hat:

Lurchi77 (38): hallo! na junge frau, wie schauts? lust dich mit mir zu unterhalten? schreib zurück! denn ich warte auf post, wie ein eisbär auf frost!

lauflisa: Hi! Ist das dein Standardtext? Lisa

Lurchi77: Hallo Lisa, ja natürlich, das ist mein Lieblingstext. Gruß Axel

Natürlich? Lieblingstext? Bin ich im falschen Film? Ähnlich cool reagieren *wayne67* (»Yepp .....Standardtext !«), *liebesnest* (»der Text ist allgemein gehalten, das ist richtig«), *texaner27* (»ja ist halt so :D«) und *wildside* (»ja ganz genau«). Wir werden gnadenlos verarscht, und dann heißt es einfach nur: *ganz genau? MoritzJ* (25) versucht immerhin eine halbe Begründung: »im großen und ganzen ja ... individuell zu schreiben macht eh kein sinn, leider«.

Und das stimmt überhaupt nicht! Standardanschreiben können die entscheidenden Fragen, nämlich was ER an MIR attraktiv findet und was ICH vielleicht an IHM attraktiv fände, nie beantworten. Sie sind der klassische Fall von *nett, aber langweilig.* Sie treffen einen nie ins Herz. Wäre ich ein Mann, ich hätte doch den Ehrgeiz, möglichst viele Frauen zu einer

Antwort zu bewegen, indem ich sie möglichst raffiniert anschreibe. Wo ist denn nur euer Sportsgeist geblieben, Männer?

Ein Einziger schaffte es zumindest, sich halbwegs originell
aus der Affäre zu ziehen:

Aventure (38): Hi! Sympathisches Profil! Hast Du Lust auf lustvolle
leidenschaftliche Begegnungen? LG

Lavendelrausch: Standardtext?

Aventure: ;-) na ja … aber kein Standardtyp!

Sich förmlich bewerben

Nichtssagende Floskeln und Standardtexte sind tödlich fürs Flirten. Man kann die Stimmung aber auch auf ganz andere Weise killen. Zum Beispiel so: »Mich hat es wegen dem Studium nach Stuttgart verschlagen. Eigentlich komme ich aus Tübingen! Inzwischen habe ich das Studium beendet und auch meinen Job hier gefunden, also erstmal in Stuttgart hängengeblieben ;-) Ich mache gern was mit Freunden, Kino, Sport, Rad, Skifahren … DVD und Serien anschauen, Musik hören und lesen.. oder einfach in der Sonne liegen ;-) Und du so? LG Fabian«. Ein grauer Nebel der Langeweile senkt sich über die Leserin. Konzentrierte Ödnis. *Hier ist mein Leben, willst du es haben?* Es geht aber noch schlimmer. Bitte nehmt euch die Zeit, den folgenden Text einmal durchzulesen, und fragt euch, woran er euch erinnert:

»Ich habe mir Dein Profil angeschaut und würde Dich sehr gerne kennen lernen, denn Du machst einen liebenswerten Eindruck. Die Informationen hier im Portal über einen sind ja spärlich. Damit Du Dir noch eine besseres ›Bild‹ machen kannst, schreibe ich nachstehend Dir noch ein wenig Informationen über mich: Ich bin 1.81 m groß, schlank und Nichtraucher. In meiner Freizeit unternehme ich gerne was und bin eigentlich ein sehr ruhiger Mensch.

Suche hier die Partnerin für das Leben, jemand der mit mir durch dick und dünn geht. Eine Partnerin mit der ich mein Leben aufbauen kann.

Zu meinen Interessen zählen Musik, Reisen, Literatur und vor allem Beisammensein mit einer lieben und treuen Partnerin – vielleicht mit Dir?! Großen Wert lege ich auf Ehrlichkeit und Zuverlässigkeit.

Trotz Erfolges in meinem Leben aber auch manchen Niederlagen und Tiefen die ich durchlebt und durchlitten und die mich geprägt haben, bin ich menschlich und normal geblieben, denn ich mag weder Arroganz noch eingebildete Menschen. Auch wenn mein Bild vielleicht zugeknöpft wirken sollte, so bin ich dennoch locker, fröhlich und habe Humor. Da ich mich bei Dir melde, meine ich es ehrlich und habe Interesse an einem Kennenlernen. Liebe, Anerkennung, Respekt und Würde ist für mich das Wichtigste auf der Welt und gehören zu meinen zu lebenden Werten. Meine positiven Eigenschaften sind: hilfsbereit, charmant – von innen heraus herzlich – gut zuhören können. Ich bin ein lockerer Mensch, der gerne lacht, fröhlich und positiv ist. Meine negativen Eigenschaften sind: ich bin manchmal zu gutgläubig. Ich bin im Falle, wenn wir uns verstehen sollten, auch zu einem Umzug bereit. Gerne beantworte ich Dir jede Frage offen, direkt und ehrlich. Ich wünsche Dir eine gute Zeit und würde mich über eine baldige Nachricht von Dir freuen. Liebe Grüße«

Puh, das war lang. Noch jemand da? Jemand bis zum Ende gelesen? Nein? Tja, solche Texte liest man nicht zu Ende. Sie wirken wie computergeneriert. Er will alles richtig machen, er gehört zu den Guten, zu den Zuverlässigen. Und fröhlich ist er auch noch! UND locker! Wirklich extrem locker, gechillt und entspannt … reich mal den Joint rüber … Peace!

Nein, entspannt und locker ist hier leider gar nichts. Es ist eine Bewerbung für eine Stelle. Es gibt nur ein kleines Problem: *Dirndlmarie* ist nicht Siemens! Bei Siemens ist klar, worin der Job besteht und wie viel Geld man dafür bekommt. Aber woher weiß *Gentle-Man* (43) denn bloß, dass er *Dirndlmaries* Mann sein will? Er kennt gerade mal ein Foto und eine Spiegelstrichliste ihrer Vorlieben. Aber sonst? Klingt ihre Stimme vielleicht etwas gequetscht? Riecht sie muffig? Neigt sie zu Jammern, Herrschsucht, Neid oder Geiz? Redet sie zu schnell oder zu viel? Oder hat sie furchtbare Eltern?

Flirten ist die Leidenschaft der Möglichkeit. Es beruht auf Ungewissheit, auf Vieldeutigkeit, darauf, dass wir nicht viel voneinander wissen und auch nicht verraten, wie ernst unsere Absichten sind. Alles verheißen, nichts versprechen, das ist der Trick. Versteht ihr, Männer? In einer Bewerbung macht ihr euch klein. So wie mit den Profilnamen *Hansematz-Schlumpf* oder *Bärchentigerlein77*. Wir wollen aber keine gekrümmten Bücklinge und Kriechernaturen. Wir finden es viel aufregender, wenn ihr euch zurücklehnt und *uns* testet!

Ganz abgesehen von den beiden Todsünden: Du sollst nicht langweilen. Und die Frau nicht zutexten. Und natürlich sind es gerade die Langweiler, die einen ohne Punkt und Komma zutexten. Deshalb liest man auch gar nicht erst zu Ende, sondern klickt sofort weiter. Und nein, das ist nicht ungerecht: Das ist Notwehr gegen Zeitdiebe. Merkt euch einfach nur eins: Frauen möchten keine schleimige Bewerbung, im Gegenteil, sie wollen herausgefordert werden. Wenn euch das gelingt, habt ihr schon fast gewonnen.

Ausweichen

Die Angst, die Angst – woher kommt nur die Angst? Wir wollen furchtlose Helden. Aber die sind rar. Leider auch im Chat. Um die konzentrierte Langeweile der übergroßen Mehrheit etwas auszubooten, haben *belledejour, sweetsweetkiss* und *amourdeluxe* die Männer aufgefordert, sich zu beschreiben. Wieder so ein Ball auf dem Elfmeterpunkt, genau wie *Lavendelrauschs* Bitte um ein Gedicht. Die Möglichkeit, sich interessant zu machen. *soul1* (47) nutzt sie für sich: »Freidenker, Macher, Leseratte, Weintrinker, Fernsehschauer, Limousinenfahrer, Fleischesser, kein Mülltrenner, Klamottenbesteller, Landei, Natürlichkeitsfan.« Warum ist das so gut? Es ist kein Standard. Es ist persönlich. Und es ist gut formuliert. Das Medium des Internetflirtens ist die Sprache. Eigentlich offensichtlich. Wieso sind dann 98 % der Männer von der Bitte, sich zu beschreiben, hoffnungslos überfordert? »hä? siehst mein bild nicht?^^«, protestiert *bananenshake* (29). »besuch einfach mein profil … da ist alles gut :-)«, fällt *biercules* (42) ein. *magkekse* (42) macht seinem Namen alle Ehre: »einfach nur gut … ((c:« Die meisten möchten vor allem keinen Fehler machen: »Puh, wo soll ich anfangen, was möchtest du denn wissen?« seufzt *echolot* (36), und *justbrilliant* (26) scheint sich mit ihm abgesprochen zu haben: »Also mich beschreiben? Puh, was willst du denn genau wissen?« Manche sind rasend witzig: »Mit Edding?« (*Bonjour86,* 26) – »mit einem textmarker? Was für ne sauerei,))« (*sunshineman,* 38). Oder sie begründen umständlich, warum sie der Frage ausweichen: »Selbstbeschreibungen sind immer müßig. Ich bin von allem etwas« (*marekcz,* 38). – »Wie sollte man die Komplexität des Menschen in ein paar Zeilen pressen?« (*liebesnest,* 34) – »Wo anfangen, wo enden? Ebenso vielfältig wie widersprüchlich« (*commander*, 44). *ersan* (24) bringt auf den Punkt, was wohl alle denken: »ich weiß nicht iwie habe ich keine lust auf diese ganzen fragen . also ich bin 1,72groß und bin 23 und möchte gern oft was unternehmen natürlich ohngeplant. Ansonnsten weiß nit was du gerne noch wießen möchtst :)«.

Nein, das reicht vollkommen, vielen Dank!

Ich half den Hilflosen auf die Sprünge, indem ich nachfragte: »Und was macht dich begehrenswert, anziehend, unwiderstehlich?« oder »Kannst du dich so beschreiben, dass du interessant für mich wirst und ich Lust auf ein Treffen bekomme?« Oder als *sweetsweetkiss:* »Und was ist jetzt hot an dir?«

DivineCL (33) muss nicht lange überlegen: »mal von meinen leicht mandelförmigen, langbewimperten, braunen bambiaugen abgesehen ....meine begeisterungsfähigkeit, leidenschaft...meine beweglichen, sehr kräftigen hände (25 jahre klavierspiel sei dank), welche dennoch viel gefühl haben .... und ich kann weltmeisterlich küssen ....haha, ich denke, das reicht für den anfang ...«

Nicht so schlecht, oder? Und nicht sooo schwierig, eigentlich. Für die meisten aber leider doch. Viele bleiben auf einer recht allgemeinen Ebene stehen: »mein aussehen und mein charakter« – »Naja der trainierte Körper und der charackter ...« – »dass ich so bin wie ich bin^^« – »ich selbst bin hot« – »an mir ist alles hot« – »Alles was dein Herz begehrt!!!:)« – »die Mischung macht es« – »die mischung und die daraus resultierende ausstrahlung« – »meine Art« – »mein Äußeres meine art einfach alles« – »ich denke mein Art und hässlich bin ich auch nicht:)« – »wenn du mich fragst --- weil ich göttlich bin«.

Haben wir über irgendeinen dieser Männer irgendetwas erfahren? Nein. Und natürlich kommen auch wieder jede Menge Ausreden: »diese frage kann ich nicht beantworten« – »das liegt im Auge des Betrachters« – »optik ist ja quasi eine subjektive sache :)« – »Jede frau sieht das anders was attraktiv ist.« Und auch wieder die beliebten Gegenfragen: »was willst du da jetzt hören :)« – »jaa was willst du alles wießen?« – »bist du malerin?«

Manche sind immerhin entwaffnend ehrlich: »Attraktiv? Anziehend? Unwiderstehlich? … Nix :-)«, meint *Schmuserolf* (37), und auch *Piratenauge* (44) gibt zu: »Keine Ahnung.« *Heinolebt* (40) hat anscheinend 16 Semester Philosophie studiert: »Hallo. ja wie soll ich das sagen. Ich bin ich ;-)«.

Viele kommen immerhin noch auf die geniale Idee, ihre Unfähigkeit in eine Baggeroffensive zu verwandeln: »man muss mich halt kennen lernen« – »Find es raus :-P« – »was mich beinhaltet muss tu schon rausfinden…das verrate ich nicht so einfach« – »entdeck mal, wenn du magst …« – »treff dich und finde es heraus«. Oder *Butterfinger* (26): »hast du wapp dann zeig ich's dir.« Und damit sind wir schon bei der nächsten Kategorie.

Plump sein

Wer ängstlich ausweicht, verfehlt sein Ziel. Wer brachial drauflossprintet, kommt aber leider auch nicht an – jedenfalls nicht, wenn es um Liebe geht. *Hikmet* (27) erfüllt meine Bitte, sich zu beschreiben, so: »na du siehst mich doch ;) hab nen großen schwanz.« Das war's. Muss reichen! Noch häufiger kommt diese Antwort, wenn ich nach der Attraktivität frage: »geile Arme und nen hüscher Schwanz« – »Ein großer Schwanz ....;-)« – »reichen dir 23 cm?« – »Ich hab einen dicken schwanz ;)« – »mein schwanz und an dir?« – »ich hoffe, du stehst auf große ;)« – »Mein bestes Stück ist interessant..« *Rollo86* (26) hat sogar zwei gute Argumente: »ich hab einen 22 cm schwanz und hab schon 9 frauen gevögelt« Schon neun Frauen? ICH WILL DIE ZEHNTE SEIN!

Und *Pokerface* (36) hat eine besonders einleuchtende Erklärung dafür, was ihn anziehend macht: »Weil ich ficken will,du nicht?«

Dass *sweetsweetkiss* als reine Sexnudel gesehen wird, habe ich ja schon berichtet. Trotzdem finde ich es erstaunlich, dass jeder dritte (!) Mann, den sie fragt, seine sagenhaft vielen Zentimeter angibt, um sie zu einem Treffen zu überreden, manchmal noch geschickt eingebettet in einen anderen Strauß schöner Eigenschaften: »denke da gibt es einiges,ob es meine figur ist oder mein schwanz;-)« – »Mein Mund, meine Augen, mein Schwanz, meine Zunge« – »hab einen schönen knackarsch und einen recht ansehnlichen schwanz. kein prügel!« – »Ich bin intelligent, humorvoll, charmant und habe auch ein schön beschnittenes Glied! ;-)« – »da gibt es mehrere sachen. Ich seh gut aus, wobei das ja immer noch geschmacksache ist, hab einen schönen penis, hab auf jeden fall nur positives feedback bekommen :) und zu dem bin ich auch noch ein netter kerl.«

Schöner Penis UND netter Kerl? Das ist wirklich ein Unique Selling Point!

Der echte Gentleman schafft es, auf seinen Hauptvorzug hinzuweisen, ohne böse Wörter zu verwenden: »siehst du dann, wenn du mich ausziehst ;))« – »die Größe ist genau richtig« – »Magst du Männer, die gut ausgestattet sind? Dann kann ich dir sicher weiterhelfen:-)«.

Besonders vielschichtige Männer kommen neben ihrer Hardware auch noch auf ihre Performance zu sprechen: »wie gesagt, ich gehe auf deine bedürfnisse ein und habe eine gute kondition. Einmal ist keinmal sag ich nur ;)« – »Bin ausdauernd..hemmungslos..« – »und nach einer runde ist nicht schluß!« – »gut bestückt und der Herr weiß was Frau will! ;)« – *NextOne* (23) fasst es so zusammen: »bisher hat sich jede bedankt ;)«.

Einige beherrschen sogar exotische Sexpraktiken, die mit ihrem legendären Teil gar nichts zu tun haben: »ich würde dich sehr ausgiebig verwöhnen beim sex ich lecke sehr sehr gerne znd ausgiebig..lg« Und die gaaaaanz Einfühlsamen haben von *soft skills* gehört, die den Frauen irgendwie wichtig sein sollen – Einfühlsamkeit und so? *Fantasy4u* (30) macht sich sein Herrschaftswissen zunutze: »Ich könnte Dir von meinem Hinter oder Bauch erzählen, aber hey, ich bin eine Persönlichkeit welche noch viel mehr zu bieten hat. ;)«

Ja, mancher Feingeist lässt die plumpe Anmache weit hinter sich und preist sich so schillernd an, dass wir ihm schon beim Lesen seiner Zeilen hoffnungslos verfallen: »Versaut, Mutig,Fanstasievoll kein Besitz Denken , keien Eifersucht, eher Dominant ohne Egoist zu sein .... Gepflegt, Tiiiefe Stimme, Rasiert, Eigene Whg. (Gepflegt) , nicht Schüchtern, Stil, Anständiges Vokabular, Foto verschicker (FSK 16) ..... Eben ein Mann, der es nicht nur Labbert .. sondern es auch lebt ......«

(*EchterKerl,* 43) Wie sang Ina Deter 1982? »Neue Männer braucht das Land.« *EchterKerl* erfüllt endlich diese Forderung. Mit 43 bereits eine eigene Wohnung – und dann noch gepflegt! Ein dominanter Altruist, ein Versauter mit anständigem Vokabular. Der auch nicht unnötig rumlabbert. Frauen, auf in den Ring – den schnappen wir uns!

Ungeduldig werden

Preisfrage: Was ist sexier – Gelassenheit oder Hektik? Souveränität oder Ungeduld? Eben. Also warum können einige Männer einfach keine Antworten abwarten, sondern stellen in der Zwischenzeit wilde Spekulationen an? Es kann tausend Gründe dafür geben, dass wir nicht gleich antworten: Vielleicht arbeiten wir, vielleicht kochen wir, meditieren, joggen, sehen fern, oder – ja! – vielleicht chatten wir mit anderen Männern, die sich etwas schneller gemeldet haben? Möglicherweise skypen wir bereits mit vier Jungs gleichzeitig, haben das süße Anschreiben von *fliegenlernen* durchaus registriert, wollen uns ihm aber erst widmen, wenn der Bauingenieur sich als Flop herausgestellt hat? Selbst beim Internetdating fühlen und praktizieren viele von uns serielle Monogamie. Wenn einer dann mit »Jetzt oder nie! Top oder Flop! Ja oder Nein!« kommt, hat er es leider vergeigt und sich selbst aus der Umlaufbahn geschossen.

Im Grunde gibt es nur eine einzige Grundregel: schreiben – und auf Antwort warten. Aber das halten viele Drängelmänner einfach nicht aus. Nehmen wir *Jean-Jacques* (39), ein »Weinhändler und optimistischer kerl«, der *lauflisa* um 12:44 anschreibt und ihre »positive energische Einstellung« lobt. »Würde mich freuen dich als Mensch und nette Bekanntin kennenzulernen wenn du das auch magst.« Um 12:45 schickt er das Postskriptum hinterher: »mehr als 1 kind darfst du locker wollen. Die würden dich noch hübscher machen , ganz sicher.«
Wie gesagt: 12:45.
Bereits um 16:19, also dreieinhalb Stunden später, schreibt er: »bin vielleicht nicht dein Typ , das mag sein , aber du könntest

dich einmfach melden als Respekt . Trotzdem alles Gute für dich, Lisa«.

Rumms. Ende der Durchsage. Ich meine, Mittwochnachmittag – vielleicht war sie einfach noch auf der Arbeit?

Oder *h-wolfram* (46). Er wendet sich um 11:36 mit einem Standardanschreiben an *belledejour,* das er schon an *sweetsweetkiss* und *Lavendelrausch* geschickt hatte: »Salut belle de jour, wie geht es dir? Flirt und Abenteuer wären ja was ich suche. Bin aber auch für alles darüber hinaus offen. Was meinst du: Ob wir wohl zusammenpassen könnten? Liebe Grüße Wolfram« (Dass er zwölf Jahre älter ist als *belledejour,* siebzehn Jahre älter als *Lavendelrausch* und doppelt so alt wie *sweetsweetkiss,* stört ihn offenbar nicht.) Fünf Stunden später, um 16:50, ist er allerdings mit seinen Nerven schon so am Ende, dass er schreibt: »Schade, … dass wir uns wohl nicht kennenlernen werden. :-(Ich wünsche dir alles Liebe und viel Glück und Erfolg bei deiner Suche. Herzliche Grüße Wolfram«. Fünf Stunden – an einem Freitagnachmittag! In der Zeit rauschen bei *belledejour* mal so eben 20 Anschreiben rein, wenn sie ein bisschen in anderen Männerprofilen stöbert. Wie schnell soll Wolfram denn sein »Abenteuer« in den Schoß fallen? Und wie großmütig, dass er nach dem Sex mit den halb so alten Frauen auch noch »für alles andere« offen wäre …

Regelrecht niedlich wirkt dagegen der nicht versiegende Nachrichtenstrom von *baerwurz,* einer leicht südländisch angehauchten, rundlichen Grinsebacke mit Käppi, 38 Jahre jung, an die von ihm offenbar heftig verehrte *amaryllis26:*

baerwurz, **16:10:** liebe amaryllis

ich bin dein eskimo

baerwurz, **16:10:** liebe amaryllis

ich bin dein salamander

baerwurz, **16:11** liebe amaryllis
ich bin dein hasi häschen
baerwurz: **16:11** liebe amaryllis
ich bin dein gummibärchen
baerwurz, **16:11** liebe amaryllis
du bist meine zaubermaus
baerwurz, **16:12** liebe amaryllis
dein bild ist so süss dass ich glaube
dass du keinen zucker in den tee brauchst
so süss bist du
baerwurz, **18:02** liebe amaryllis
du bist mein flauschiges kätzchen
baerwurz, **18:16** liebe amaryllis
bist aber ne ganz süüüsse maus :-)

Dann bricht es ab. Schade. Warum nur?

Aber nicht ganz. Am nächsten Tag wendet er sich an *bellede-jour*:

baerwurz, **18:26** liebe belledejour
ich bin dein himbärchen

… und wartet diesmal volle 18 Stunden, eh er fortfährt:

baerwurz, **12:18** liebe belledejour
ich bin dein marienkäferchen

Nein, das ist nicht Ungeduld. Das ist Beharrlichkeit. Ich wüsste so gerne, ob sich irgendeine Himbärin für ihn erwärmt hat.

Sich verbeissen

Manche geben zu schnell auf und missverstehen unser Schweigen. Andere wiederum verbeißen sich in die Idee, dass es mit uns klappen müsste, selbst wenn wir ihnen schon eine ganz klare Abfuhr erteilt haben. Louise Hay hat dazu einmal gesagt: »Niemand kann uns verletzen – das müssen wir schon ganz alleine hinkriegen.«

Zum Beispiel *reinhard999* (37). *Dirndlmarie* hatte ihm geschrieben: »Ich will ganz ehrlich sein. Du stellst kein Foto ein. Das ist nix für mich. Da gibt es andre Kerle hier, die einfach mehr Vertrauen erwecken in mir. Und mehr zu mir passen. Viel Glück! Marie«.

Das ist eine freundliche und begründete Absage. *Dirndlmarie* bekommt 50 Zuschriften mit Foto – warum sollte sie jemandem ohne Foto schreiben? Die einzige angemessene Reaktion wäre ein freundlicher Abschied: *Ich wünsche dir auch viel Glück. Liebe Grüße.* Aber *reinhard999* will sich mit seinem Schicksal nicht abfinden:

> »Servus, auf Bild denke ich kommt mancher falsch rüber der eine besser der andere schlechter. Ich möchte es nur demjenigen senden welcher mir symphatisch erscheint.Gerne kann ich dir eins mailen.Wennst magst schick mir deine Email und ich sende dir gern a Bild von mir.«

Ganz ehrlich – der Vorschlag kommt praktisch immmer, ist aber selten dämlich. Warum sollte man seine private E-Mail-Adresse jemandem geben, von dem man noch nicht mal weiß, wie er aussieht? (Andere bieten großmütig an, ein Bild per Handy zu senden … vermutlich Nr. 76 aus dem Buch: »77 Tipps, wie du problemlos ihre Telefonnummer kriegst!«).

Zwei Minuten später fällt ihm ein, dass er noch ein weiteres gutes Argument hat:

> **22:37:** Ich komme aus einer Jägerfamilie mein Vater war leiderschaftlicher Jäger.Ich habe leider durch meinen Job wenig Zeit dazu.

Okay – so gut war das Argument doch nicht. Erstens jagt er gar nicht, und zweitens hat sein Profil dadurch immer noch kein Foto. Aber er hat noch eine Idee:

> **22:39:** Ausserdem restauriere ich Oldtimer aber egal nun du findest sicher den richtigen servus

Servus, tschüs – er hat doch noch die Kurve gekriegt. Hat er? Nein, am nächsten Tag startet er noch einen Versuch:

> **16:33:** Hallo, Stammbaumforschung mache ich auch gerne habe einen sehr grossen hier bei mir. Finde auch schön,dass du Zeit mit deinen Eltern verbringen magst Lg

Oje! Man spürt einen Hauch von Tragik. Aber selbst wenn er der Tourmanager von Andy Borg wäre und Vorsitzender der thüringischen Schäferhundzüchter – das hätte er alles früher schreiben müssen! »Viel Glück! Marie« ist ein Point of no return. Da hilft nur noch Abhaken.

Noch schlimmer steigert sich *Klingeling* (48) in die Idee hinein, der perfekte Partner von *JedeMinuteWir* zu sein – obwohl er volle 21 Jahre älter ist und sie ihm bereits geschrieben hat: »Sorry, nein, das hat mich nicht überzeugt … ich möchte keinen Mann, der mein Vater sein könnte …«

Wenn sie das so klar und unmissverständlich formuliert –

sollte er sich da nicht lieber in Würde zurückziehen? Nein, das sieht *Klingeling* überhaupt nicht ein:

> »Der Altersunterschied wird in Deinem Statement erst gar nicht thematiesiert. Aber über eins sei Dir im Klaren, Sophie: Für eine Beziehung, so wie Du sie Dir vorstellst, wirst Du hier sicherlich keinen Mann finden, der im entferntesten altersmäßig zu Dir passt, es sei denn, er ist ein unselbständiges verwöhntest Muttersöhnchen, dass nur eine zweite Mama sucht. Ansonsten sind die Jungs in dem Alter, das zu Dir vielleicht besser passt, eben Jungs, die, selbst wenn sie sich eine Beziehung wünschen, alles andere wollen, als »jede Minute« mit der Freundin zusammenzuhocken (die haben ihren Sport, ihre Kumpels, usw., usw.) und schon nach kurzer Zeit ergreifen sie die Flucht. Das ist womöglich eine Erfahrung, die Du schon machen »durftest«.
> Aber, Du weißt es ja besser, nicht wahr?«

Mal im Ernst: Wie viel Sinn macht es, mit jemandem zu streiten, der bereits die Wohnung verlassen hat?
Sophie antwortet nicht mehr. Wozu auch? Sie hat alles gesagt. Und *Klingeling* bereut schon am nächsten Nachmittag, dass er so harsch geworden ist:

> **18:27:** Denkst Du wirklich, Du wunderhübsche Sophie, Symbiose ist eine Frage des Altersunterschiedes?

Schleim! Da die »wunderhübsche Sophie« weiterschweigt, probiert er es drei Stunden später noch mal mit einer letzten Liebesaufwallung:

> **20:15:** …würde gerne mit Dir zusammen kochen … und essen :)

Tja. Erst Vorwürfe machen, dann schwärmen? Passt nicht. Die Atmosphäre ist bereits vergiftet, und geschriebene Worte kann man leider nicht zurücknehmen. Am nächsten Tag ärgert er sich, dass er wieder weich geworden ist:

13:55: …na ja, so kann auch keine richtige Kommunikation entstehen. Wenn du hier bist, bist du immer nur kurz da. Ja nach Laune. Nie bist du länger hier. Dadurch entsteht eine sehr schleppende, lahme, ja auf Dauer langweilige Kommunikation. Zumal ich es auch ziemlich unhöflich finde, jedes Mal mich in der Ungerwissheit zu lassen, ob du gerade am PC bist oder doch nicht (ob bei dir hier der »grüne Punkt« leuchtet oder nicht, sagt überhaupt nichts aus, ob du wirklich am PC bist oder nicht. Schon mal vom ABMELDE-Button gehört??) Dann kann es mit der Ernsthaftigkeit deiner Suche hier nicht weit her sein.
So was brauche ich nicht … Weg mit dir!

Das war sein letztes Statement. Danach hat er sie gesperrt. Das ist nun wirklich tragikomisch. Der Sperr-Button ist für den Fall, dass ein anderes Mitglied einen belästigt, stalkt, nicht in Ruhe lässt, beleidigt … Sophie hätte sich aber eh nicht mehr gemeldet. Wozu so jemanden sperren?

Flirten ist wie Schlagzeugspielen – das Timing ist entscheidend. Wann spreche ich sie an? Und wann ist es Zeit zu gehen? *Klingeling,* das stampfende Rumpelstilzchen, hat den Zeitpunkt verpasst. *Du musst mich aber lieben, weil …* ist ein Satz, der niemals funktioniert. Da wir aber selber oft schon so gedacht haben, empfinden wir automatisch Mitleid mit *Klingeling* oder *reinhard999.* Das ist der Moment, in dem wir uns wachrütteln und klarmachen müssen: Wer vor einer verschlossenen Tür stehen bleibt und immer wieder daran klopft, ist verdammt noch mal selber schuld.

Pöbeln

Manchen reicht das Verbeißen nicht – sie fangen an zu pö-
beln, wenn alles nicht läuft wie erhofft. Und zwar oft aus hei-
terem Himmel. *Echtknorke* (29) beginnt sein Anschreiben an
belledejour augenzwinkernd und mit Smiley:

> **Echtknorke 16:26:** du bist ja mal hübsch.. hehe :D darf ich dir ma
> ne unverschämte frage stellen? =)
> **belledejour 16:44:** was denn?
> **Echtknorke 16:46:** und zwar.. was findest du persönlich schicker..
> eher nen tanga oder eher panties? =)

Mann, wie raffiniert! Wie man sieht, ist aber auch er ungeduldig:

> **Echtknorke 16:52:** bekomm ich auch ne antwort? hehe :D

Vor allem aber hat er nicht mit *belledejours* Coolness gerechnet:

> **belledejour 18:06:** beschreib dich mal
> **Echtknorke 18:11:** inwiefern, was möchtest du denn wissen..?
> **belledejour 18:17:** was dich attraktiv macht

Kleiner Schock … aber schnell fängt er sich wieder:

> **Echtknorke 18:22:** du mausi.. also auf sowas oberflächliches lass
> ich mich nicht ein.. lach :D das müssen schon andere wissen, was
> sie an mir attraktiv finden.. da is meine subjektive meinung wohl
> kaum ausschlaggebend.. man kann sich gern treffen oder vorher
> telefonieren und dann wird man schon sehen, ob man sich sympa-
> thisch ist.. ;-)

Klar, der alte Trick. Treffen statt beschreiben! *belledejour* muss aber noch etwas anderes loswerden:

> **belledejour 19:29:** oberflächlich – wie wahr. gut, dass dich nur solche tiefgründigen Dinge wie »Pantie oder String?« interessieren!

Bis dahin eine locker-witzige Unterhaltung, oder? Keinesfalls! Bereits zwei Minuten später antwortet der bis dahin lustige Zwinkersmiley-Mann:

> **Echtknorke 19:31:** willst du mich jetzt vollquatschen du rindvieh? da kann ich nichts dafür, dass du zu dumm bist, den unterschied zu erkennen, den ich dir extra noch versucht habe, zu erläutern..
> also nochmal für die ganz dummen mitte 30jährigen mit torschlusspanik: der kommunikationskanal hier ist sehr oberflächlich, deswegen isses ok, wenn man nach sachen wie string und panty fragt.. mich selbst zu beschreiben im hinblick auf attraktivität ist jedoch reine zeitverschwendung.. jetzt kapiert?
> so und nu belästige mich bitte nicht weiter.. ;-)

Gesperrt! Ein harmloser Scherz über ihn, und schon ist sie ein Rindvieh, eine ganz dumme Mitte-30-Jährige mit Torschlusspanik, die gesperrt werden muss. Wow. Anderen Männern reicht sogar schon das bloße Lesen des Profils, um sich maßlos zu ärgern.

> **GuteLauneMuc** (35): Dein profil ist, vorsichtig ausgedrueckt, aggressiv auf eine art und weise, dass einem der atem stockt! ,-)

Welches kann wohl gemeint sein? *NeueBeziehung? Kerstin28? belledejour?* Nein, es handelt sich um *kobold38*, die auch andere Männer unbedingt zurechtweisen müssen:

5-aurel_ (43): zwar herausfordernd aber dann doch zu herablassend ohne ausreichend erkennbare selbst-ironie um sich wirklich allen fragen widmen zu wollen … bedauerlich!

kobold38: könnte man auch einfach sagen: Selbstbewusst?

5-aurel_ : mit verlaub: ein entschiedenes NEIN! begonnen beim völlig deplazierten vorab mit kosenamen ansprechen dir bis dahin fremder besucher deines profils. fehlende hygiene anzusprechen fühlst du dich auch gleich zu beginn genötigt deinem besucher in die fresse zu schmieren …

… Und niedlich, dass Männer glauben, SIE hätten da etwas veranlasst …‹ hier springt einem die überheblichkeit schier ins gesicht.

die fragen … richtig autsch! so furchtbar das einem das lachen am ende im halse stecken bleibt!

Was ist da bitte los? Pumuckl hat ein paar Scherze gemacht, und der Münchner Mann fühlt sich abgrundtief in seiner Ehre gekränkt? Ich mache mir Sorgen!

Auch *NeueBeziehung* macht sich mit ihrem Statement nicht nur Freunde:

up-in-the-sky (36): Dein statement hat mir einen Grund gegeben – dich zu sperren.

Hä – alles frisch??? Wie kann man beleidigt sein von einem *Profiltext?* Natürlich ist *NeueBeziehung* doof. Aber wozu sich darüber ärgern? Es reicht doch völlig, ihr etwas leicht Spöttisches zukommen zu lassen wie: »Viiiiiiiiiiiel Erfolg!« (*taekwando*, 36) oder »Haste schon mal nach nem Mann gegoogelt?« (*Chiemsee75*, 38). Ich kann auch verstehen, dass einen *Kerstin28* in den Wahnsinn treibt oder *JedeMinuteWir*. Aber warum tun sich die Männer das dann überhaupt an?

Warum klicken sie nicht einfach weiter, wenn eine Zicke, Emanze, Diva oder Schlaftablette auftaucht? Das Ganze soll Spaß machen! Ist das denn so unglaublich schwer zu verstehen?

Falsche Angaben machen

Fake it till you make it! ist das Credo der Pick-up-Artists. Ich glaube ja eher: Schummeln hat kurze Beine. Ein Freund von mir hat sich immer gewundert, dass seine Dates danebengingen, wenn er nach drei netten Stunden im Restaurant erstmals seine Beinprothese erwähnte. So was möchte man irgendwie lieber vorher wissen. »In der Internetsinglebörse sind sie alle reich und schön / da wird man höchstens 29, das ist ein Online-Phänomen«, sang Roger Cicero. In dem Lied fliegen die Lügen beim ersten Date auf. Da ich mich mit niemandem zu Recherchezwecken getroffen habe (das hätte ich nun echt gemein gefunden), kann ich wenig zu dem Thema beisteuern. Nur zwei besonders skurrile Geschichten:

AmericanPie gibt in seinem Steckbrief sein Alter mit 37 an, nur um vier Zeilen später in seinem Persönlichen Statement zu bekennen:

»Ja, auch ich habe wie wohl viele Andere hier beim Alter gemogelt. Im Gegensatz zu anderen Schwindlern beschreibt mich obiges Alter jedoch zutreffender als mein Wahres Alter – und das nicht nur vom Aussehen her. Selbst meine Mama kann nicht glauben, daß ich 45 bin. :-)«

WO IST DER WITZ? Wozu schummelt man, wenn man es gleich dazusagt?

Noch absurder und tragischer mutet der Fall von *aus_Rügen* an. Angemeldet ist er als verheiratet, 48, 1,89, »ein paar Kilo mehr«, der ein Abenteuer sucht.

Folgendermaßen schrieb er *Gänseblume46* an:

21:03: BITTE, nimm dir die Zeit und lies meine Nachricht! Ich bin hier angemeldet, nicht um eine passende Frau zu finden, da ich das als praktisch unmöglich erachte. Heute habe ich nun aber zufällig dein Statement gelesen und bin mir nun gar nicht mehr so sicher. Ich habe noch nie etwas so passendes, so tief zutreffendes hier oder sonst wo gelesen. Und deshalb, ganz wichtig: Ich bin hier angemeldet, weil ich in der Vergangenheit schwer verarscht wurde. Und deshalb stimme meine Angaben hier auch mit Absicht nicht. Ich weiß, das ist kein guter Start …

OK, also, ich bin NICHT verheiratet, bin geschieden und Single.

Ich bin 169 cm groß, in einer Bank tätig und Nichtraucher und würde mich wahnsinnig freuen, wenn du das hier alles glauben könntest und mir eine Antwort geben würdest!! Liebe Grüße! W.

21:04: P.S.: Bin auch nicht dicker, habe eine normale Figur, mache gerne Sport und bin viel und gerne draußen … :-)

21:05: P.P.S.: Oh Mann, das Alter stimmte ja auch nicht: Bin jetzt 46 Jahre alt und »Fisch« …

23:39: Hey, ich meine es wirklich ernst. Bitte lass was von dir hören …

Das wirft wirklich Fragen auf. Wie alt, groß und dick ist dieser Mann wirklich? Kommt er überhaupt *aus_Rügen?* Hätte er nicht wenigstens alle Dementis in eine Mail packen können? Und – wieso glaubt er, mit diesem Widerrufswust bei *Gänseblume46* punkten zu können? Er hätte auch einfach ein neues, korrektes Profil anlegen können. Dauert ungefähr fünf Minuten. Foto war eh nicht dabei.

Chamäleon und Wendehals

Ich komme zu einem Mann, der eigentlich gar kein Flirtversager ist. Oder doch? Auf jeden Fall ist er besonders gerissen – oder hält sich dafür. Es ist *schupfnudl* (33), der mit *Dirndlmarie* ein Haus im Grünen wollte, aber Sex »nicht nur in der Missionarsstellung« – und vor allem »nicht nur daheim«. So einen vergisst man natürlich nicht. Hier noch mal zur Erinnerung, wie er sich *Dirndlmarie* anpries:

»ich such was vernünftiges und das was Du in Deinem Profil schreibst finde ich toll … ich mag Frauen die klassische Werte mögen und ich bin auf dem Dorf aufgewachsen und mag ne Familie im Grünen gründen und nicht in der Stadt alt werden.. ich such ne frau mit verstand und humor die vernünftige Ansichten hat.«

Ein waschechter Konservativer halt. Umso perplexer war ich, als er sich einige Wochen später bei einer Frau meldete, deren selbstbewusste Ironie im krassen Gegensatz zur Spießigkeit von *Dirndlmarie* steht, nämlich bei *kobold38:*

»ich musste noch nie soviel lachen hier drin wie gerade eben udn Du hattest mich eigentlich bereits mit Deinen Strümpfen um den Verstand gebracht … erschwerend kommt noch Dein Gesicht dazu.. oh man und diese teilweise so prolligen pflaumensprüche die dann mit rilke verschmelzen …. ich kann eins von benn aber das habe ich mir eher angeeignet um meine grundkursleiterin in den wahnsinn zu treifen und außerdem steh ich auf smarte Damen die es sowohl in der küche als auch in der oper oder im bett drauf haben … ich liebe alles was mit genuss zu tun hat und deshalb stehe ich auch so gern ind er küche.. und ich liebe das gärtnerplatztheater und ich liebe den englischen garten im sommer … was treibst Du gerade? bin Kurt«

Rilke, Benn, Grundkurs, Oper, Gärtnerplatztheater – ist *schupfnudl* am Ende ein Intellektueller? Und wenn ja, was um Himmels willen wollte er von *Dirndlmarie,* die von Salzkartoffeln mit brauner Soße schwärmt?

Und nun die Pointe. Wenige Tage später schreibt er eine Frau an, die wahrscheinlich weder von Gottfried Benn noch von Rilke je etwas gehört oder gelesen hat. Bei *sweetsweetkiss* meldet er sich recht kurz und knapp:

> »hallöle bin beruflich in berlin aber könnte sofort Kurt«

Schupfnudl ist vor allem eins: pragmatisch und flexibel. Und zwar in einem Ausmaß, mit dem wir Frauen einfach nicht rechnen. Mädels, nehmt das als Warnung: Glaubt den Typen erst mal kein Wort. Stellt euch nur vor, *Dirndlmarie* wäre auf sein Gelaber mit den »klassischen Werten« hereingefallen!

Und sechs weitere Fehler

Ich könnte endlos so weitermachen. Aber um all das Elend ein wenig abzukürzen, möchte ich die restlichen Flirtfehler nur noch kurz erwähnen.

Drängeln

In der zweiten Botschaft nach der Handynummer fragen. In der dritten: »Hast du auch Skype?« In der vierten: »Bist du auch bei Facebook?« In der fünften: »Hast du noch mehr Fotos?« In der sechsten: »Hast du whatsapp?« In der siebten: »Hast du spontan Zeit?«
Es nervt. Deutlich cooler ist es übrigens, wenn die Frau euch irgendwann danach fragt.

Sich aufdrängen

Ungefragt seine eigene Telefonnummer, seine E-Mail-Adresse und seinen Facebooknamen preisgeben. Wer sich wie sauer Bier anbietet, wird nicht viel Nachfrage generieren.

Nicht mehr wissen, was man bisher geschrieben hat

Männertypisches Aufmerksamkeitsdefizitsyndrom. Ganz dünnes Eis. Man sollte einen Witz nur einmal erzählen. Und alles andere auch. Sonst fragen wir uns, ob er die ganze Zeit nebenbei berufliche Mails beantwortet hat. Dieser Fehler ist ganz eng verwandt mit diesem Fauxpas:

Nicht mehr wissen,
was der andere einem schon erzählt hat

»Wie heißt du noch mal?« – »Du warst doch Sängerin, oder?« – »Und deine Tochter ist schon elf? Ach stimmt, es ist ein Sohn … und der ist 17 … ich erinnere mich!« Ganz langsam kommt sie wieder … das ist ja gar nicht *Gabi1972*, das ist *gummibandHH!* Ist ein bisschen so, wie beim Sex den falschen Namen zu rufen.

Kein Foto hochladen

Nein, dafür gibt es nicht eine einzige gute Ausrede. Ihr geht ja auch nicht mit Plastiktüte über dem Kopf auf eine Party.

Mitten im Gespräch ohne Ankündigung off gehen

Vertrauen ist im Netz viel schwerer herzustellen als im wirklichen Leben – und viel leichter zu zerstören. Keine Ahnung, warum manche Männer die Kommunikation einfach abbrechen. Sie tun es aber. Ein Hä? bleibt zurück. Man soll sich im Netz nicht unhöflicher verhalten als im wirklichen Leben – im Gegenteil. Höflichkeit ist hier besonders wichtig. Und beim Flirten sowieso. Schon mal vom *Gentleman* gehört? Vom *Ritter* und vom *Kavalier?* Es ist so einfach, Punkte zu sammeln. Und so unnötig, sie zu verschenken.

4.

Vier Irrtümer über Onlinedating

Warum eigentlich machen unsere Flirtgenies andauernd dieselben unnötigen, vermeidbaren, durchschaubaren und katastrophalen Fehler? Ich glaube, es hängt mit vier hartnäckigen Vorurteilen zusammen, die das Onlinedating betreffen. Die aber zum Glück alle gar nicht stimmen.

Wir sind Resterampe

Irgendwie hängt dieser Gedanke fest: Wir sind Loser. Wir sind Grabbeltisch. Wir sind übrig geblieben. Und deshalb gibt es hier auch höchstens Trostpreise. So schreibt *Angelos48* (54) an *Dirndlmarie:* »Eigentlich braucht doch so eine hübsche Frau wie Du diese einrichtung gar nicht.«

Tatsächlich? Wer nicht mehr studiert, hängt an seinem Arbeitsplatz fest. Und was bleibt demjenigen, der nicht gerne in Discos, Bars oder Clubs geht? Der Volkshochschulkurs *Filzen für Fortgeschrittene?*

Frauen, wie hübsch auch immer, werden bei uns eben nicht auf der Straße angesprochen. Und genau da liegt das Problem – dass Flirten, Turteln, Komplimente machen bei uns überhaupt kein Teil unserer Alltagskultur sind.

Ich kann es nur aus Frauensicht sagen: Es gibt in Singlebörsen echte Hauptgewinne. Große, breitschultrige Athleten. Piloten, Ärzte, Topmanager. Schriftsteller, Schauspieler und Künstler. Männer mit trockenem Humor und Bildung. Alles dabei. Eine Onlinebörse ist kein Ramschlager und kein Restpostenkatalog.

Und das ist ein ganz wesentlicher Punkt. Fühlt und verhält man sich wie in einem Fünf-Sterne-Restaurant – oder wie in einer Dönerbude? Schnuppert und strahlt man wie in der legendären Lebensmittelabteilung des KaDeWe – oder latscht man müde durch wie bei Penny? Sperrt man beglückt und berauscht Augen und Ohren auf wie bei einem Livekonzert der Berliner Philharmoniker – oder ist man zufällig beim Zappen in die Lange Nacht der Volksmusik geraten?

Das ist alles entscheidend. Weil daraus nämlich das nächste Vorurteil entsteht:

Die Mühe lohnt sich nicht

Nur Trostpreise und Grabbeltisch? Dann muss ich mich auch nicht anstrengen. Dann kann ich in der Nase popeln und unkontrolliert herumrülpsen. Anders als mit dieser Einstellung sind Namen, Fotos und Texte von 95 % der Männer und Frauen in Singlebörsen nicht zu erklären. Ich habe den Vergleich schon öfter gezogen: Nie und nimmer würde man sich dermaßen einfallslos und nachlässig um einen Job bewerben. Und was beweist dieses Buch? Die Mühe lohnt sich – definitiv! *sweetsweetkiss* mit ihrem Drei-Zeilen-Statement bekommt auch nur lauter kurze, nichtssagende Anschreiben. *Gänseblume46* und *kobold38* bekommen auf ihre ausführlichen und aussagekräftigen Statements genau das zurück: ausführliche und aussagekräftige Antworten, mit Liebe geschrieben. Mit Großbuchstaben, Kommata und freundlichen Grüßen.

Erst recht lohnt sich die Mühe bei den Fotos. Warum haben denn meine grotesken Lockvögel wie *amaryllis26, lauflisa* und *belledejour* trotz ihrer extremen Statements noch so viele Zuschriften bekommen, auch von Nicht-Esoterikern, Nicht-Sportlern und Nicht-Depressiven? Weil sie auf ihren Fotos so verdammt gut aussehen!

Die Mühe lohnt sich. Glaubt es mir einfach. Und angenommen, ihr hättet recht und sie würde sich nicht lohnen – warum macht ihr das Ganze dann überhaupt? Könnt ihr diesen Mann verstehen:

saftladen111 (38) **11:04:** bin eben ein wahnsinnig toller mann

amourdeluxe **11:23:** Kannst du mir sagen, was dich zu einem wahnsinnig tollen Mann macht?

saftladen111 **12:24:** Ich kann aber warum sollte ich wenn ich nicht weis ob es sich lohnt

Warum bist du denn überhaupt in diesem Forum, du Depp? Es geht um *amourdeluxe!*
Was man auch tut, man sollte es richtig tun. Ich fürchte, in dem Punkt sind sich altbuddhistische Lehrmeister und amerikanische Zeitmanagement-Gurus einig. Wir brauchen eine Qualitätsoffensive im Onlinedating. *Pimp Your Profile! Unser Anschreiben soll schöner werden!* Noch gar nicht so lange gibt es den deutschen Buchpreis und den deutschen Radio-Preis. Warum nicht den deutschen Dating-Preis? Bester Nick, bestes Pic, bestes Statement, bestes Anschreiben. Und wieso nur in Deutschland? Wir brauchen die Dating-Olympiade! Zu gewinnen gibt es ein tolles Honeymoon-im-Wasserbett-Wochenende mit Hamam-Behandlung. Und ein Date mit George Clooney und Scarlett Johansson.

Sofort daten statt lang chatten

Habt ihr denn wirklich keine Ahnung, welch fantastische Möglichkeiten das Chatten bietet? Wie nahe man einem Menschen dabei kommen kann? Man hat die Ruhe, außergewöhnliche Fragen zu stellen. Man hat Zeit, eine gute, präzise, ehrliche Antwort zu formulieren. Man hat den Mut, Allerpersönlichstes zu erzählen. Die Stimmung bleibt in der Schwebe. Es kann plötzlich sehr ernst werden – und auch sehr sexy. Nach drei Stunden nächtlichen Chattens kann eine Nähe entstehen, die so intim und intensiv ist wie vielleicht sonst nur Sex. Ihr kennt doch *Gut gegen Nordwind,* den Bestseller von Daniel Glattauer. Einen schöneren Beweis für die Romantik des Internets kann es doch gar nicht geben. Der Chat ist keine Zeitverschwendung. Hier begegnen sich die Seelen in ihrer reinsten Form: der Sprache. Ohne Ablenkung durch irgendwelche Sinneseindrücke. Kein Kellner läuft durchs Bild, keine Meute grölt am Nachbartisch, keine schlechte Musik trübt die Stimmung. Man ist auf sich selbst und den anderen zurückgeworfen. Man albert, philosophiert, erzählt, träumt, wagt sich vor. Und dann das erste Treffen! Durch den Chat wird es zu etwas, auf das wir aufgeregt hinfiebern. Wird das virtuelle Verlieben von der Realität eingeholt – oder noch befeuert? Man spielt die erste Begegnung unzählige Male im Kopf durch, bevor sie stattfindet. Man versucht sich vorzubereiten, sich zu warnen, sich zu coachen. Dann gibt es einen Termin. Einen Countdown. Die Spannung steigt ins Unerträgliche, bis zu diesem einzigartigen Moment, in dem man den anderen zum allerersten Mal wirklich sieht.

»Letztlich ist für mich ein persönliches Treffen immer aussagekräftiger als 1 000 000 Worte!« So formuliert *De-Niro* das, was fast alle denken. Aber das persönliche Treffen wird vollkommen anders ablaufen, wenn vorher 1 000 000 Worte gefallen sind. Die Denkschablone ist jedoch immer dieselbe: »Gehörst Du auch zu denen, die nicht ewig lange emailen und chatten? Dann melde dich!« – »Bitte keine ewige Chatterei!! Wer nicht bereit ist andere moderne Kommunikationsmittel zu nutzen, kann gerne weiterklicken oder mich getrost ignorieren. Ihr habe alle keine Ahnung!«. ER hat keine Ahnung. Ihr verpasst eines der größten Abenteuer, das unsere Zeit zu bieten hat!

Und ja – natürlich kann das Treffen auch enttäuschen. So wie man beim Fußballspielen verlieren kann. Fragt mal den 1. FC Köln. Spielt man deswegen keinen Fußball mehr? Die Pick-up-Artists betreiben Frauenaufreißen als Sport, und das kommt einem als Frau sehr merkwürdig vor. Aber warum haben die so viel Erfolg? Weil alle übrigen Männer sich bei Frauen nicht mal ein Hundertstel so anstrengen wie beim Judo, Tennis oder Kicken.

Frauen wollen Haushamster

Ihr habt da etwas missverstanden. Natürlich schreiben wir in unser Profil, dass wir keinen ONS wollen, dass wir nicht blöd von der Seite angequatscht werden möchten und eine richtige Beziehung anstreben. Weil wir nicht solchen obszönen Spam kriegen wollen wie *sweetsweetkiss*. Das heißt aber nicht, dass wir nur an Hamstern interessiert sind, an kuschelnden Softies und meditierenden Verständnishubern. An denen sind wir eigentlich überhaupt nicht interessiert. Ihr dürft euch von unserer leichten Schizophrenie nicht täuschen lassen. Dass wir die Auswüchse dumpfen Machotums in unseren Profiltexten anprangern, heißt nicht, dass wir einen echten Wiener Macho reizlos finden. Überhaupt macht ihr einen Fehler, wenn ihr uns nach dem Mund redet. »Wer Frauen alles recht macht, tut ihnen unrecht« (Sebastian Schnoy). Die Amazonen durften nur die Männer nehmen, die sie zuvor im Kampf besiegt hatten. Die Idee, dass Flirten etwas mit Kampf zu tun hat, ist den meisten Männern verlorengegangen. In säuselndem Harmoniegewaber entsteht aber leider keine erotische Spannung. Und so unglaublich schlecht, wie *Shades of Grey* geschrieben sein mag, so sehr fasziniert an Christian Grey auf ganz archaische Weise: sein Wille, seine Souveränität, seine Unbeugsamkeit, seine Männlichkeit. Verbindet man das mit Hamstern? Die Internet-Männchen weichen dem weiblichen Zorn in vorauseilendem Gehorsam aus – und werden dadurch so grauenhaft unattraktiv. Das ist natürlich nicht nur im Netz so. Es ist das Grundübel unserer Geschlechterverhältnisse. Ein Schwächling wird keine Frau erobern. Höchstens in einer ZDF-Liebeskomödie.

5.

No-Gos

Nein, wir sind nicht zum Spaß hier. Wir wollen etwas lernen. Alle gemeinsam. Und darum ist jetzt erhöhte Aufmerksamkeit angebracht.

Wie das geht mit Verführung und Flirten, darüber gibt es schon genügend schlaue Bücher, die müsst ihr einfach nur lesen. Und die Tipps anwenden. Von wunderbar männlichen, selbstbewussten und fantasievollen Flirtvirtuosen umgeben zu sein, ist ein Traum, für den man vermutlich nach Paris, Rom oder Buenos Aires ziehen muss. Mein Ziel ist viel bescheidener: Ich möchte einfach nur die schlimmsten Auswüchse beseitigen, die Pestizide unter den Flirts. Folgende Dinge wollen wir nie wieder in irgendwelchen Flirt-, Dating-, Sex- oder Heiratsportalen lesen. Die allerschlimmsten Adjektive, die verbotensten Verben, die abgenudeltsten Zitate, die unlustigsten Witze und die furchterregendsten Phrasen. Dadurch könnte dieses kleine, unschuldige Buch die Welt zu einem besseren Ort machen. Bitte, liebe Männer, aber auch liebe Frauen: Lest es euch durch. Schneidet es euch aus. Klebt es auf den Laptop. Und haltet euch dran. Millionen, ja, Milliarden Angeflirtete werden es euch danken!

Die sechs allerschlimmsten Adjektive

Ich sagte es schon: Adjektive sind Leerformeln. Am besten lässt man sie ganz weg, will man sich nicht als intellektuelle Null outen. Denn es gibt ganz bestimmte Adjektive, die einfach nur gruselig sind. Nie wieder möchten wir lesen, ihr wäret –

1. Tageslichttauglich
Wer auch immer das erfunden hat, gehört für den Rest seines Lebens in eine komplett tageslichtfreie Zelle gesperrt. Um dort sehr gut auszusehen.

2. Individuell anmutend
So wünscht sich *nilpferdgruss* seine Traumfrau. Schön. Wenn schon niemand es schafft, individuell zu sein, dann soll es doch zumindest so aussehen.

3. Dynamisch
Vorsicht, Verwechslung. Schon klar, alle Angestellten bei Versicherungen und Banken sind keine angepassten Schleimer, sondern sehr »dynamisch«. Aber außerhalb dieser blöden Assessment-Center will das leider niemand wissen.

4. Inteligent
Eben.

5. Kreativ
Das ist eine Seuche unserer Zeit, dass lauter Leute kreativ sein wollen, müssen oder dürfen, die es leider überhaupt nicht draufhaben. Niemand muss kreativ sein.

Man kann auch ohne vier unveröffentlichte Romane sehr guten Sex haben.

6. Flexibel

Werch ein Illtum. Das wollen wir doch gar nicht! Es ist kein Vorzug, was *kuddl77* über sich schreibt: »ich bin anpassungsfähig. in jeder form. trage jeans oder anzug. alles zu seiner zeit. bin eben sehr flexibel und offen. vielleicht gibt es Sie ja, die ähnlich ist wie ich.« Ein für alle Mal: Wir wollen keine Männer, die sich uns zu hundert Prozent anpassen und die wir mühelos kontrollieren können. Wir verachten sie! Und noch etwas: Wie soll die Frau feststellen, ob sie dir ähnelt, wenn du nur ihr ähneln willst?

Die sechs verbotensten Verben

Verben sind gut und schön. Mit Ausnahme der folgenden, die lassen einen erschaudern. Ich will auch genau sagen, warum:

1. Verwöhnen

Oh, wie schön ist es, verwöhnt zu werden: bekocht, betüdelt, massiert, vorgelesen zu bekommen … Warum nur klingt »Ich möchte dich ausgiebig verwöhnen« dann so schmierig? Weil der Typ nur zu verklemmt war zu schreiben, was er eigentlich im Sinn hat!

2. Kuscheln

Ich habe mir sagen lassen, dass es inzwischen Kuscheldominas gibt. Diese fülligen Frauen bekommen viel Geld dafür, dass sie sich einfach auf den Mann drauflegen und ihn im Arm halten. »Suche kostenlose Kuscheldomina« – das wäre doch immerhin mal ehrlicher als dieses grauenhafte und zwanghaft wiederkehrende »mag gerne kuscheln«.

3. Schmusen

Liegt es an meiner zärtlichen und liebevollen Omi? Ich verbinde Kuscheln und Schmusen damit, was Eltern und Großeltern mit ihren kleinen Kindern machen, um ihnen ein Gefühl von Liebe und Geborgenheit zu geben. Wenn Männer unentwegt von Kuscheln und Schmusen schreiben – wollen sie dann wieder kleine Kinder sein? Oder mein Opa? Beide Optionen sind nicht wirklich prickelnd.

4. Massieren

Genau, es gibt diese medizinische Behandlung in physiotherapeutischen Praxen. Und dann gibt es Massagesalons. »Mit Happy End« … Ich habe es vermutlich schon zu oft gesagt in diesem Buch: Dieses verschwiemelte und pseudoraffinierte Rumdrucksen ist nicht sexy, sondern schleimig und eklig. Weder wollt ihr massieren noch könnt ihr es überhaupt!

5. Knuddeln

Der Tiefpunkt. Wer geknuddelt werden will, ist wirklich auf dem Niveau eines Langhaarmeerschweinchens oder eines chinesischen Wühlhamsters angekommen.

6. f*****

Es gibt Wörter, die man in bestimmten Situationen verwendet. In anderen sind sie unpassend. Zum Beispiel wenn man seine Omi zum Kaffee besucht. Oder eine fremde Frau in einem Chat anschreibt. Das gilt auch für alle andren Wörter und Verben aus dem Umfeld des *dirty talking*.

Die sieben nervigsten Zitate

Zitate sind wie Adjektive: überflüssig. Aber während viele Adjektive den Schreiber nur einfältig und hinterwäldlerisch aussehen lassen, vermitteln Zitate den Eindruck von Wichtigtuerei – in Verbindung mit Hilflosigkeit. Wer sehr wichtig sein will, es aber nicht ist, der zitiert. Und leider fast immer dasselbe. Folgende Zitate stehen ab sofort auf dem Dating-Index:

1. Man sieht nur mit dem Herzen gut.

»Wer Visionen hat, soll zum Arzt gehen«, sagt Helmut Schmidt. Wer nur mit dem Herzen gut sieht, sollte dringend zum Augenarzt. Und keiner hat das Recht, den kleinen Prinzen, eins der wundervollsten Bücher der Weltliteratur, für sein schmieriges Datingprofil zu missbrauchen.

2. Leben und leben lassen

Ja. Klar. Aber: Dieser Zitatraum wird nach dem zweitausendsten Benutzer wegen Überfüllung geschlossen.

3. No risk no fun

Im Zeitalter von Aids irgendwie unpassend.

4. Freude ist das Einzige, was sich verdoppelt, wenn man es teilt.

Nein, das ist nicht richtig. Glück, Lust, Liebe, Hoffnung, Lachen, Dankbarkeit, Erinnerungen – die verdoppeln sich alle, wenn man sie teilt. Das Einzige, was sich nicht verdoppelt, sind Torten und Geld.

5. Sei du selbst, alle anderen gibt es schon.

Jaja, *I did it my way* et cetera ... Ich möchte dagegen Adorno in Stellung bringen: »Bei manchen Menschen ist es schon eine Unverschämtheit, wenn sie ›ich‹ sagen.«

6. Küssen kann man nicht alleine.

Aber sich selbst befriedigen! Lasst doch bitte den armen Max Raabe in Frieden. Das Lied ist trotzdem schön.

7. Manchmal ist weniger mehr.

Noch öfter allerdings ist weniger einfach weniger. Weniger Zitate wären auf jeden Fall mehr geistreich!

Die zwölf plattesten Platitüden

Es gibt bestimmte Sätze, die die Datingkommunikation durchseuchen, als ob ein und derselbe Dämon in alle Menschen fahren würde, die gerade ein Datingprofil ausfüllen oder eine Frau im Internet anschreiben. Stoppt den Datingdämon! Gemeinsam können wir es schaffen!

1. Finde es selbst heraus!

Nein. Sondern: Zeige es mir. Durchsichtige Ausrede für alle, die zu faul oder nicht in der Lage sind, die deutsche Sprache zu verwenden.

2. Die Mischung macht's.

Auch: Der Mix macht's. Zum Beispiel: »Zu Hause bleiben und ausgehen: Der Mix macht's.« Leider meist nur eine Ausrede für die, die sich nicht festlegen wollen, weil sie noch nicht wissen, ob die Angebetete lieber zu Hause bleibt oder ausgeht.

3. Das Aussehen ist die Eintrittskarte, der Charakter ist der Aufenthalt.

Diese Aussage findet sich in unendlichen Varianten in Profiltexten wieder: »Das Aussehen bestimmt, wer zusammenkommt; und der Charakter, wer zusammenbleibt!« Oder: »Optik ist die Eintrittskarte, sprich der erst Schritt, Charakter das Programm und Stil nicht nur das Ende eines Besens ;-)« Am besten gefiel mir: »O. K., die Optik sollte schon stimmen, aber die inneren Werte zaehlen letztendlich !« Mit anderen Worten: Ich bin auf keinen Fall oberflächlich. Aber zu scheiße solltest du auch nicht aussehen.

4. Ich bin so, wie ich bin.

Ein Satz von überwältigender Schlichtheit und zwingender Logik. Und mit einem Fehler. Denn was uns Menschen auszeichnet, ist die Fähigkeit, uns selbst und unser Leben zu entwerfen, zu verändern, zu erneuern und zu entwickeln. Genau dafür ist eine gute Beziehung da, um den anderen darin zu unterstützen. Damit er irgendwann noch viel toller ist, als er mal war. Deshalb sagte Goethe den etwas klügeren Satz: »Werde, was du bist.«

5. Ich suche eine Partnerschaft auf Augenhöhe, die mir das Gefühl vermittelt, angekommen zu sein.

Kleine Zwischenfrage: Wenn alle die Partnerschaft auf Augenhöhe wollen, warum klicken Männer dann immer kleinere Frauen an und Frauen nur größere Männer? Und dem ersehnten »ankommen« möchte ich mit Heraklit entgegnen: »Alles fließt – Panta rei.« Es gibt nur einen Ort, wo man endgültig ankommt, der heißt Urne oder Sarg.

6. Ich bin ein bisschen verrückt.

Nein, bist du nicht. Du bist die vollendete Spießigkeit, sonst würdest du nicht hinschreiben, du seist »ein bisschen verrückt«.

7. Ich bin nicht perfekt, habe meine Fehler und Schwächen. Und ich suche auch keine perfekte Frau. Denn das wäre langweilig.

Nein, das wäre nicht langweilig, das wäre großartig. Nun heuchelt doch nicht so rum! Fehler und Schwächen, das heißt: Sie vergisst alles, sie verschleudert ihr Geld bei Zalando-Einkäufen, sie brabbelt ununterbrochen. Sie hat Angst im Dunkeln, sie hört nicht zu, sie ist langweilig im Bett. Nein, das ist nicht liebenswürdig, das wollt ihr nicht, und ihr müsst auch nicht vorgeben, es zu wollen. Schleimer!

8. Ich habe Ecken und Kanten.

Wo denn bloß? An den Fingergelenken?

9. Lebe deinen Traum.

Sagte der Schlafwandler und fiel vom Dach.

10. Ich bin nie erwachsen geworden.

Weiterklicken, weiterklicken! Ich möchte keinen Mann, der ein Lätzchen zum Essen braucht, eine Windel zum Pippimachen und der sich nicht mal die Schuhe allein zubinden kann. Männer sind dann attraktiv, wenn sie souverän, cool, entschlossen, willensstark und selbstbewusst sind. Mit einem Wort: ERWACHSEN! Übrigens kann man erwachsen sein und trotzdem haufenweise Spass haben.

11. Ich wollte nur mal "Hallo" sagen.

Ja, wenn du das wolltest, warum sagst du es dann nicht einfach: »Hallo!« Was hindert dich denn bloß daran?

12. Ich lass mal 'n ganz lieben Gruss da.

Meist war es das. Und das war es dann auch. Wichtig ist übrigens, dass der Gruß »lieb« ist. Wie sehr hätte ich mich gefreut, wenn einer mal einen bösen Gruß dagelassen hätte!

Die fünf unlustigsten Sprüche

Ja, wir lieben lustige Männer. Folgende Sätze sind aber spätestens seit ihrem Auftauchen in drei Millionen Profiltexten verbrannt und leider auch nicht mehr komisch:

1. **Ich bin hier, weil sie bei ElitePartner nur Singles mit Niveau nehmen.**
   Nein, du bist hier, weil du dich nicht traust, mich im Supermarkt oder in der Bahn anzusprechen!

2. **Grüsse an alle, die bis hierher gelesen haben ;-)**
   Nein: DEIN TEXT IST ZU LANG!!

3. **Suche: wahre Liebe. Biete: nichts als Ärger.**
   Hahahahahaha, ich lach mich tot! Wobei: Könnte es sein, dass dich das ziemlich gut beschreibt?

4. **Bleib BUNT, vor allem im KOPF!**
   Warum nicht gleich: Lies die BUNTE!??

5. **Mich kann man nicht beschreiben, mich muss man erleben.**
   Nein: Wer sich so beschreibt, den möchte man gar nicht erst erleben!

So. Ich grüße alle, die bis hierher gelesen haben. Und wenn ich auch nur einen Mann davon abgebracht habe, diese unseligen Adjektive, Verben, Phrasen und Sprüche ins Netz hinauszublasen, dann habe ich nicht umsonst gelebt.

6.

Onlinedating der Superlative

Und nun zu meinem ganz persönlichen Schatzkästlein. Das Flirten im Netz ist ein unerschöpflicher Quell unfreiwilliger Komik, eine Welt der Saalbrüller-Superlative. Deshalb habe ich die besten davon gesammelt und in lustigen Listen zusammengestellt. Die schönsten, die schillerndsten, die saukomischsten Fundstücke aus eineinhalb Jahren knallharter Recherche – lehnt euch einfach zurück und genießt.

Die 25 putzigsten Profilnamen

1. Wurstbaerchen
2. Froggystyle
3. laschhase
4. hasenpupsi
5. angestaubt
6. Butterfinger
7. Schlecker_2013
8. fingerwurm1987
9. leidersingel
10. Pupeye
11. speckolatius
12. Obstnase
13. Gurkelman
14. froschgurke
15. Fleischmütze0
16. samex
17. pmolch
18. Ahhlecks
19. Klumpi
20. Pupasch
21. Jurzen
22. Grabulator22
23. schlikrutscher
24. ReizvoSPIELE
25. götterspeisse

Und nun die atemberaubendsten Auszüge aus Anschreiben, Statements und Chats. Ortograffie ist meistens Glüksache.

Die acht poetischsten Perlen

1. **>>Kommunikation ist keine einbandstrasse.<< (Max1404, 30)**
   Das ist so gut, das sollte ich schützen lassen. Als Buchtitel. Wird bestimmt 'n Bestseller.

2. **>>Allerdings denke ich die Gemeinsamkeiten und das Miteinander sollten im Fordergrund stehen.<< (Neustartberei, 51)**
   Auf jeden Vall. Und man sollte auch immer neustartberei sein.

3. **>>Auf jeden Fall solltest du mit beiden Beinen durchs leben gehen und eher unkonventiunell und jung/geblieben sein.<< (Gomera48, 49)**
   Mit beiden Beinen gehen – statt auf einem Bein hüpfen? Jung oder geblieben? Ist mir irgendwie zu unkonventiunell.

4. **>>Für meinen Geschmack beginnt die Schönheit im Kopf, auch wenn unser Aussehen mit dafür verantwortlich ist.<< (Dileki, 57)**
   Für meinen Begriff beginnt die Sprache in der Hose. Auch wenn der BH dafür mitverantwortlich ist.

5. **>>Wir leben in einer sehr schnelllebigen Zeit. Fax, E-Mail, technischer und medizinischer Fortschritt, Klimawandel, Wirtschaftskrise, ... Ist es da nicht mal an der Zeit, sich auf Werte zu besinnen und menschlich zu sein?!<< (bergsteiger38, 39)**
   Ja ja, der schnelllebige Klimawandel. Mal kommt er, dann geht er wieder. Selbst die Wirtschaftskrise erreicht fast Fax-Geschwindigkeit ... äh, benutzt noch irgendjemand auf diesem Planeten ein Faxgerät?

6. >>Ich suche den Menschen, der den Menschen sucht. Ich probiere mehr im Sein als im Haben zu leben. Deswegen möchte ich auch mit jemanden sein und ihn nicht besitzen.<< (Herzauge, 25)

Herzauge! Du hast Erich Fromm gelesen. Das ist sehr löblich, weil das kaum noch jemand tut. Aber pass bitte auf – die meisten Frauen machen es andersherum. Sie wollen diese schicke Louis-Vuitton-Handtasche haben, und natürlich wollen sie auch ihre Männer immer besitzen. Glaubst du denn, wir wollen euch teilen?

7. >>aber primär mag ich mich nach der >1< umschauen:) ....obwohl meine topfrau hier eigentlich nicht angemeldet wäre!:))))...aber ich bin es ja auch ....also sollte man diese prinzipien vllt. nicht zu 100 % ummünzen wollen:) ja ansonsten bin ich eher kein freak!:) :)<< (MalleKalle, 33)

Also primär mag ich Smileys ;-)))) Vor allem am Satzende ;@)))!!??!! Warum :.) nur :) nicht ;o)) nach o) jedem ;8))) Wort ::@@@)))???

8. >>Lieben heist: An der Ewigkeit anteil nehmen und die Welt um sich vergessen Lieben heisst: Sich nach deiner Nähe sehnen, heist alle Frauen an einer messen. Doch heisst lieben auch: Erlauben getäuscht zu werden, gestürzt in ein schwarzes Loch ... Und trotzdem hoff' ich geliebt zu werden denn lieben, dass will ich dich doch. (geschrieben '86) Um die Antwort vorwegzunehmen: Jep ist von mir, war 15 und unglücklich verliebt ... eben voll in der Pupertät ... ;-)<< (Teddystraum71, 42)

Jep, das ist viele, viele Jahre her. Und seitdem ist es leider mit der Rechtschreibung nicht besser geworden. Aber egal. Frauen mögen pupertäre Texte!

Die 26 denkwürdigsten Dialoge

1.

JedeMinuteWir: Mmh.. darf ich dir eine Frage stellen?
Schinkenpraline: Klar …
JedeMinuteWir: Warum nennst du dich Schinkenpraline?
Schinkenpraline: Weil Marzipanfritten schon vergeben war.

2.

Kingsize (33): Wie war dein wochende ?
lauflisa: wochende??
Kingsize: Ja:-) Wielange bist schon Solo? Meine wochende hm war ok
lauflisa: was ist ein »wochende«?
Kingsize: Hast du eine 7 Tage Woche?
Kingsize: ???

3.

Kerstin28: erzähl mal was
februar77: was möchtest du denn wissen?
Kerstin28: erzähl doch mal was spannendes von dir
februar77: was hälst du von einem treffen?
Kerstin28: mmh
Kerstin28: kommt n bisschen schnell
februar77: ok

4.

belledejour: Kannst du dich so beschreiben, dass du für mich interessant wirst --- erotisch --- unwiderstehlich?
Musikbaer: Natürlich könnte ich das! Ist mir aber zu aufwendig am Sonntag.

5.

NurGanzKurz: Hast du nun Interesse oder nicht?

sweetsweetkiss: rat mal

NurGanzKurz: Puh, das ist schwer. Ich glaube nicht …

sweetsweetkiss: :-)

NurGanzKurz: Hab ich also recht gehabt ......Trotzdem danke,das du mir geschrieben hast

6.

Bordeaux (36): Hallo, du isst wohl gern Steaks?

Kerstin28: äh wie?

Bordeaux: Mal Lust auf ein Glas Wein am Abend?

Bordeaux: anschliessend könnte ich mit der feuchten Zungenspitze sanft über deine Klitoris streichen …

Kerstin28: ich guck grad fern

Bordeaux: was guckst du denn?

Kerstin28: ich langweil mich. du auch?

Bordeaux: zu zweit auf der Couch wäre es schöner.

Kerstin28: langweilst du dich auch?

7.

benny-berlin: hallo! wer bist du denn?

belledejour: beschreib dich mal

benny-berlin: in wie fern! hab doch ein foto drin!

belledejour: so dass du attraktiv wirst

benny-berlin: hmm ja bin schlank 173 groß kurze schwarze haare blaue augen und trage auch schwarze kleidung

benny-berlin: p.s. bin lieb und nett kann auch zuhören

belledejour: äh … ich meinte was dich attraktiv macht

benny-berlin: alles

benny-berlin: die frage ist auch doof stelle ne andere

belledejour: es ist die entscheidende frage schatz. ich krieg 20 zuschriften am tag.

benny-berlin: nöö bitte nicht

benny-berlin: ich könnte auch was schreiben was du dann nicht hören möchtest und dann falle ich auch durch

benny-berlin: du hast schöne augen

benny-berlin: hallo böse mit mir?

8.

Hennes9 (25): Heey, alles gut? Wow, du bist richtig hübsch! Kann ich dich vielleicht kennenlernen? :)

sweetsweetkiss: hahaha was ist denn so hot an dir?

Hennes9: Ich hab einen dicken schwanz ;) hahaha

sweetsweetkiss: wow

Hennes9: Ja ;))

9.

krystof1971: Hallo, ich bin auf der Suche nach regelmäßigen inspirativen erotischen, sehr gerne spontanen Treffen und guten Gesprächen, sehr gerne bei einem Glas Rotwein. Liebe Grüße

Lavendelrausch: Klingt so, als ob du jede Frau so anschreibst … richtig???

krystof1971: Guten Tag schöne Frau, nein, ich schreibe definitiv nicht jede Frau an. Liebe Grüße und noch einen schönen Sonntag

Lavendelrausch: Aber immer so???

krystof1971: Nein auch nicht immer so, wenn mir in einem Profil Anhaltspunkte für eine Individualisierung unterkommen nutze ich diese zur Inspiration sehr gerne

Lavendelrausch: und mein Profil war so blass, dass du nix finden konntest??????

10.

krystof1971: Hallo ich bin auf der Suche nach regelmäßigen inspirativen erotischen, sehr gerne spontanen Treffen und guten Gesprächen, sehr gerne bei einem Glas Rotwein. Liebe Grüße Tom

sweetsweetkiss: Ist das dein Standardanschreiben, Süßer????

krystof1971: Nein natürlich nicht schöne Frau

sweetsweetkiss: hahahahahahahahahahahahahahaha Der war gut!

11.

kollegah: Irgendwie kauft man dir nicht ab dass das ernst gemeint ist was in deinem Profil steht … ;)

sweetsweetkiss: hahaha irgendwie?

kollegah: ja? eine frau die nur auf spaß aus ist und das hier auch noch zugibt?

12.

vodbbdr: Hi. Schönes Foto. Hast eine tolle Ausstrahlung. Liebe Grüße

Lavendelrausch: mmh … schreibst du mir erst mal ein Gedicht? mia

vodbbdr: nö. aber ich schreib dir gern, was ich mit dir machen würde ;-)

Lavendelrausch: du bist mir zu plump. das mag keine frau. ich erst recht nicht. leb wohl mia

vodbbdr: putzig

13.

The_Rock: Hey, ich glaube ich bin ein wenig zu alt für dich, oder ?

JedeMinuteWir: Tja … was meinst du? Warst du schon mal mit einer viel jüngeren Frau zusammen?

The_Rock: Hey, nein das nicht. Aber ich bin ja fast doppelt so alt wie du.

Stört dich das nicht ? Hast du noch mehr Bilder von dir ?

JedeMinuteWir: Würde es dich denn nicht stören? Du hast viel mehr erlebt als ich ....ich könnte deine Tochter sein..

The_Rock: Nö, würde ganz gerne noch ein Paar Bilder von dir sehen.

14.

aschkan007: hallo wie gehts

lauflisa: hallo! Gut :-) Läufst du auch so gerne?

aschkan007: was für nachfrage ?!!

lauflisa: Marathon oder Halbmaraton?

aschkan007: nein :) fußball ist ok :)

lauflisa: Weder noch???

aschkan007: was hast du heute gemaght ?

lauflisa: Gelaufen!!! Das Schöne am Sport ist ja, dass man sich dabei so toll auspowern kann! Und dann ist das, worauf Männer oft so abfahren, nicht mehr sooo wichtig … wird auch überschätzt, findest du nicht?

aschkan007: das ist schön. lebst du alleine ?

15.

Kerstin28: bin auf der Arbeit. ich langweile mich.

Interludium: langweilst du dich auch mal nicht?

Kerstin28: mmh. und du?

Interludium: irgendwie wiederholst du dich und schaffst es nicht mal auf ne simple frage zu antworten. bist du in einer beziehung auch so?

Kerstin28: klingt so als wolltest du mich angreifen. Ich dachte, du willst mit mit flirten.

Interludium: ich versuch ja mit dir zu flirten, aber irgendwie funktioniert das nicht. ich hörimmer nur langweil mich. nich unbedingt fördernd. im übrigen geht sollte sowas nicht nur von mri ausgehen sondern auch von dir. heisst also du solltest schon mit an/mitflirten. und davon merk ich ehrlich gesagt nix.

Kerstin28: mmh. bin grad auf der Arbeit

kevin11: hi süsse

wie gehts

gib nr hab fun

sweetsweetkiss: hahahahahaha

kevin11: wiso haha

sweetsweetkiss: wieso wohl???

kevin11: ja weis schon

versuch warst wert oder

auch mal was neues oder etwa nicht

sweetsweetkiss: was ist denn jetzt so hot an dir baby?

kevin11: ich selbst bin hot

find es raus

sweetsweetkiss: hahaha wozu?

kevin11: netten fliert abenteur

kevin11: na magst nicht mehr schreiben

Nero: ja aber antwortest du jeden da der dir schreibt ? bissel auswählerisch darfst ruhig sein , du bist sehr hübsch

Dirndlmarie: Oh danke! Ich antworte jedem erst mal.

Nero: hmm du bist bestimmt neu da , wirst bald so viel post bekommen bis du aufgebst und ned mehr antworten kannst :-)

Dirndlmarie: Ja, heute ist schlimm!!! Woher weißt du das? Bin grad heut erst neu da.

Nero: tja kann ich mir vorstellen , frauen da sind sehr weniger wie männer und hübsche aus bayern findet man kaum

Dirndlmarie: Wie meinst du das … haben wir in Bayern nicht die schönsten Madln?

Nero: nee , deswegen wollte fragen ob du aus norden ursprünglich her kommst :-))

Dirndlmarie: nein, wieso? seh ich so aus?

Nero: du bist doch sehr hübsch , wie nordeutschen frauen

18.

Milan84: Also was hast du für Interessen?

Kerstin28: steht in meinem Profil

Milan84: Kannst du dir bitte mehr Mühe geben beim Schreiben?

Kerstin28: guck grad fern. ich tipp nur so nebenbei.

19.

belledejour: erzähl mal, was ist interessant an dir?

tomatennase: was willst du da jetzt hören :)

weiß ich nicht, auf was genau du hinaus willst ;)

belledejour: darauf ob du so interessant bist dass ich dich treffe

tomatennase: natürlich, warum denn nicht ;-) bin doch kein schlechter mensch :-)

und was machen wir dann beim treffen? ;-)

20.

Kerstin28: erzähl doch mal was von dir. ist so langweilig hier

raubvogel: Ich bin 43 Jahre, 1,75 m groß, Single. An freien Tagen fahr ich gern in die Natur. Ostsee muss nicht sein. Hauptsächlich nicht so viel fahren.

Kerstin28: ich bin 28 und arbeite in der Reinigung und guck gern fern :-)

Kerstin28: aber ich meinte ja erzählen

raubvogel: Das versteh ich nicht.

Kerstin28: erzähl doch mal was

raubvogel: Wusstest du, dass Ehefrauen, die ihren Mann erschießen, nach einer Entscheidung des BSG keinen Anspruch auf Witwenrente haben?

Kerstin28: warum erzählst du mir das?

raubvogel: Weil ich nicht weiß, was ich sonst erzählen soll.

21.

Doublebass: Hey :-)

JedeMinuteWir: hey! Wie heißt du? Ich heiße Sophie.

Doublebass: moin sophie :-) ich bin senol, kommste aus bremen?

JedeMinuteWir: klar :-) Suchst du irgendeine Affaire – oder eine richtig feste Beziehung???

Doublebass: ich such ja echt nicht viel! ich habe vor kurzem mit nem freund über dating seiten geredet, dann dachten wir »lass mal n profil machen und schauen was hier ab geht« und jetzt sind wir im gespräch ;-) was suchste denn?

JedeMinuteWir: wie, du machst das hier nur als »spiel«??

Doublebass: das kannste nennen wie du willst!

JedeMinuteWir: Suchst du denn überhaupt was festes, ernsthaftes???

Doublebass: viellicht, weiss ich eben gerade nicht!

JedeMinuteWir: wie, das weißt du nicht? Sowas muss man doch wissen!

Doublebass: das weiss ich nicht, es wird sich alles ergeben oder? :-)

JedeMinuteWir: es ergibt sich immer nur das, was man auch will … willst du dich denn mit Haut und Haaren auf deine Partnerin einlassen?

Doublebass: vielleicht!

JedeMinuteWir: Vielleicht ist nicht genug! Wie soll ich denn da Vertrauen in dich fassen?

Doublebass: vertrauen kann man virtuell sowieso nicht haben, oder?

JedeMinuteWir: Nein, aber es geht mir doch darum, ob ich mir die Mühe machen soll, dich zu treffen, wenn du am Ende ein Hallodri bist, der nur Kerben an seinem Bettpfosten sammelt …

Doublebass: die mühe kannste dir schon geben ;-)

JedeMinuteWir: Aber warum?

Doublebass: hast nichts zu verlieren!

JedeMinuteWir: Warum sollte ich jemand treffen, der eine grundlegend andere Einstellung zum Leben hat?

Doublebass: ich denk nicht viel nach! es kommt wie es kommst :-)

22.

Bavaria123: Gibt's denn keine netten Kerle in Rosenheim?

Dirndlmarie: Na, ich hoffe doch! Heut waren einige fesche dabei!

Bavaria123: Na ja, dann solltest Du Deine Zeit nicht mit so einem alten Knochen wie mir aus München verschwenden oder? ;)

Dirndlmarie: Na, mit 42 bist du doch kein alter Knochen!!!!

Bavaria123: Dankeschön! Tja, was Deine Eltern wohl dazu sagen würden ;)

Dirndlmarie: Lieber Knuth, meine Eltern freuen sich über einen treuen und ehrlichen Mann!

Bavaria123: Tja, das bin ich! Aber ich kenn Eltern, wenn die Töchter mit 10 Jahren älteren Kerlen nach Hause kommen.

23.

MoritzJ: Hallo :), wie geht es dir? nette Fotos hast du.ich bin 27 Jahre alt und bin seit Mitte dez. wieder aus Australien zurück. und was machst du beruflich genau? liebe Grüße

belledejour: ist das dein standardtext?

MoritzJ: im großen und ganzen ja … individuell zu schreiben macht eh kein sinn, leider

belledejour: aber standardtexte führen zu heißem sex?

MoritzJ: nein, eher die gespräche … die darauf aufbauen. :)

belledejour: und Frauen antworten eher auf standardtexte als auf persönliche antworten?

MoritzJ: ja tun sie, du doch auch =)

MoritzJ: auf jeden fall gute Nacht! meine nachricht wird doch nicht scheitern uns näher kennenzulernen oder ;-)

24.

testman: :)

sweetsweetkiss: ?

testman: Naja besser als ein verschleimtes hi, wollte mich mal vorstellen blau zeugs oder? ;-)

sweetsweetkiss: blau zeugs?

testman: Bla :-D

testman: Na aber da du mich nicht ernst zunehmen scheinst, viel Spaß mit den anderen lutschern :-)

sweetsweetkiss: ich weiß nicht was blau zeugs ist

testman: Naja, ich meinte natürlich bla zeugs. Mein Handy hat auch das u dazu gedichtet

testman: Siehst du schon wieder. Hab sich geschrieben

sweetsweetkiss: sich geschrieben? ich hab auch n handy. man kann einmal draufgucken ehe man auf senden drückt. du gibst dir mit dem öffnen einer bierflasche mehr mühe als damit mir hier messages zu schreiben. glaubst du ehrlich so jemand will ich treffen????

testman: Haha, ne mit dem geschreibe hier gebe ich mir echt keine Mühe. ;-) finde es nervig. Deshalb date ich lieber. Ist halt persönlicher. Warum vergleichst du etwas zu »schreiben« mit jemandem zu treffen? Finde der Vergleich hinkt schon im Ansatz. Aber hey, du weißt ja, dir steht die Welt offen und so n kram, einer der lyrischen lutscher schreibt dir bestimmt nen schönen Text und versagt dann im echten. :-)

25.

Pixarus: Guten mögen :-)

lauflisa: Guten mögen???

Pixarus: Endschuldigung, Mahlzeit :-)

lauflisa: Und? Heute schon gelaufen?

Pixarus: Gelaufen, wohin :-)?

lauflisa: Wohin? Man läuft nicht, um irgendwohin zu laufen!!! kennst du dieses Gefühl nicht?

Pixarus: Laufen gehen zu müssen meinst du?

lauflisa: hahahaha also du läufst nicht gerne??

Pixarus: Ne, auch wenn du nun nicht mehr schreiben willst :-)

lauflisa: schade!

Pixarus: Siehst trotzdem lecker aus.

lauflisa: Stell du erst mal n Foto ein! Auf feige Typen steh ich gar nicht …

Pixarus: Ich bin sicher nicht feige, ich war schon früher hier. Mit Foto. Aber irgendwann hat's mich genervt..

lauflisa: Was denn?

Pixarus: An meinem Foto nichts. ich war ein halbes Jahr hier und die frauen werden mit Mails über häuft und wir müssen uns hier beweisen um eine Frau kennenzulernen.

lauflisa: Mmh. ist es nicht immer so? Die Kerle müssen die Mädels anquatschen?

Pixarus: Finde ich nicht, leben ja nicht mehr in der Steinzeit …

lauflisa: Anscheinend doch! Oder wie oft wurdest du von Mädels angeschrieben???

Pixarus: Stimmt das eher schon selten, eher schwule ^^

lauflisa: Hast du denn Schwule gesucht?

Pixarus: Ich suche nur Frauen, aber trotzdem können mich andere Männer Anschreiben.

lauflisa: Und seit du kein Foto mehr online hast, schreiben dich die Schwulen nicht mehr an???

Pixarus: Ne seitdem nichts, Schwule sind eh ziemlich direkt.. Unheimlich..

lauflisa: Wie, direkt?

Pixarus: Na, die bieten sich an als bückstück.

lauflisa: Ich nehme an, Frauen tun sowas nicht?

Pixarus: Bei mir aufjedenfall nicht :) Jeder hat so seine Fantasien und das muss man alles umsetzen :)

lauflisa: Was für Fantasien hast du denn?

Pixarus: Ich würde mal live beim Sex zuschauen, ist ne normale Vorstellung oder? Oder schreckt dich das eher ab?

26.

Kwako: hallo schönes bild wie geht's dir?

Dirndlmarie: Gut, und dir? Wie heißt du? Marie

Kwako: mir geht's gut ich heisse Kwako? was hast du von Beruf? wie lauft deine wochenende bisher?

Dirndlmarie: Lieber Kwako, ich bin Gärtnerin! Und was machst du so beruflich? Wo kommst du her? Die Marie

Kwako: cool. Meine jungere schwester studiere Agrarwirtschaft. Ghana ist mein heimatland Ich studiere Maschinenbau (master). Hast du geschwistern? Bist du single und auf die suche? Stehst du auf Afrikaner?

Dirndlmarie: Ich habe eine sehr große Familie, zwei Schwestern, zwei Brüder. Und du?

Kwako: ich habe auch zwei schwester und 1 bruder? gibt antworten zu die andere fragen, ich hatte dir gestellt?

Dirndlmarie: Lieber Kwako, natürlich bin ich Single. Ich suche einen Mann. Was suchst du? Eine richtige Frau – oder ein Abenteuer?

Kwako: doch eine richtige Frau. will wissen ob du auf Afrikaner steht? suchst du nur Spass?

Dirndlmarie: Lieber Kwako, das meinte ich ja gerade – nur Spaß ist mir zu wenig. Und du – suchst du nur Spaß? Oder möchtest du mal eine große Familie gründen? Magst du Hunde? Und eine richtige bayerische Frau wie mich?

Kwako: ich suche jemand ich kann mit meinem ganz Herz lieben. größe familie will ich auf jeden fall. hunde mag ich auch. Ich mach Oktoberfest.

Dirndlmarie: Manche sagen, afrikanische Männer suchen nur Spaß ...

Kwako: nein, ich bin Akademiker. bin anders

Dirndlmarie: Möchtest du mal auf dem Land leben? Das ist mir sehr wichtig ...

Kwako: ja will mal auf Land leben. seit wann bist du single? was willst du in einer beziehung? hast andere bilder von dir?

Dirndlmarie: Was ich von einem Mann möchte, hab ich doch ganz ausführlich beschrieben – hast du meinen Text gelesen?

Kwako: hab doch gelesen, will nur wissen ob es gibt mehr und aktuelles

Dirndlmarie: Kwako, ich bin hier erst vor einer Woche Mitglied geworden! Aktueller geht's nicht!

Kwako: ok hast andere bilder von dir?

Kwako: kann ich mehr bilder von dir sehen?

Dirndlmarie: Warum? Seltsame Frage.

Kwako: tschuß, du willst mich nur verarschen. vielen dank

Dirndlmarie: Du bist sehr grob und benutzt schlechte Wörter. Wir passen nicht zusammen. Ich wünsche dir trotzdem viel Glück! Marie

Kwako: fuck you

7.

Die 23 Goldenen Regeln des Internetflirtens

So, jetzt kommt der wichtigste Abschnitt des ganzen Buches. Wenn ihr es also bis hierhin geschafft habt – lest jetzt unbedingt weiter! Ich habe mich eineinhalb Jahre lang praktisch mit nichts anderem beschäftigt als mit diesem verdammten Internetflirten. Und hier kommen meine Erkenntnisse, zusammengefasst in 23 Tipps: elf für Männer, zwölf für Frauen (nein, das ist NICHT ungerecht! Frauen haben es eh schwerer auf diesem Planeten). Aber selbstverständlich dürfen die Männer nur die Tipps für Männer lesen und die Frauen nur die Tipps für Frauen. Habt ihr das verstanden? Nicht umgekehrt! Sonst kann das alles nicht funktionieren. Ich habe es fantastisch aufeinander abgestimmt. Begebt euch einfach vertrauensvoll in meine Hände. Und wehe, ich erwische eine oder einen beim Fremdlesen! Die Strafe sind strunzlangweilige Dates bis in die übernächste Generation.

Die elf Goldenen Regeln für Männer

1. **Du hast nur einen Nickname.** Denk dir einen richtig guten aus. Denk dir am besten ganz viele aus und besprich sie mit deinen Freunden – auch mit Frauen. Generell musst du dich entscheiden, ob du romantisch, witzig oder sexy rüberkommen willst.

2. **Nimm nur ein Foto, und zwar ein richtig gutes.** Lass dir von jemandem, der Ahnung hat, gute Fotos machen und gib dafür notfalls auch Geld aus. Stell sie online auf hotornot. com und schaue, welches am besten bewertet wird. Das nimmst du.

3. **Du hast nur ein Anschreiben.** Attraktive Frauen kriegen 20 Zuschriften und lesen erst mal nur die Nachricht, NICHT das Profil. Diese Nachricht lesen sie, auch wenn sie etwas länger ist. Das ist deine Chance.

4. **Schreibe persönlich.** Frauen hassen Standardtexte. Am meisten hassen sie die Standardtexte *Hey;), Na, wie gehst?* oder *Ich lass mal n lieben Gruß da.*

5. **Schreibe orthografisch und grammatisch korrekt.** Alles andere wirkt nicht cool, sondern lieblos. Nebenbei: Es ist auch nicht cool, sondern lieblos.

6. **Schreibe romantisch,** mit trockenem Humor oder erotisch, aber in jedem Fall selbstbewusst.

7. **Sag ihr, was dich an ihr interessiert und fasziniert.** Mach Komplimente, nachdem du genau hingeschaut hast. »Süßes Foto« – »hübsche Ausstrahlung« – »wow! schönes pic« kann auch Frankenstein an Godzilla schreiben. Frauen wollen gesehen werden. Du kannst sie aber auch gerne mit irgendetwas aufziehen, wenn dir was Gutes einfällt. Das funktioniert immer. Es sei denn, sie hat keinen Humor, aber dann solltest du sowieso schleunigst verschwinden.

8. **Wenn sie antwortet, hast du sie schon fast.** Dann wird sie deinen Profiltext lesen. Du weißt ja: keine Adjektive, keine abgenudelten Zitate, kein Rumgejammer, keine Negativlisten. Schlag was vor, sag, was du magst, wer du bist und was du suchst.

9. **Warte im Chat immer ihre Antwort ab.** Nimm nie etwas zurück, was du gesagt hast, nur weil sie nicht sofort geantwortet hat, kein Kompliment und keinen Scherz. Bleib souverän. Das ist ein Befehl!

10. **Rechtfertige dich nie dafür, wer, wie oder was du bist.** Mach dir klar, dass du der Hauptgewinn bist. Wenn du dich nicht für den Hauptgewinn hältst, arbeite so lange daran, bis du dich für den Hauptgewinn hältst. Frauen wollen selbstbewusste, lebensfähige, leidenschaftliche Männer. Das macht ihre Attraktivität aus. Möglicherweise musst du dafür dein Leben umkrempeln. Das musst du dann aber sowieso.

11. **Lass die Zicken links liegen.** Schreib nur Frauen an, die dich wirklich interessieren. Benutze mehrere Foren, das macht dich unabhängiger. Und such nicht nur im Netz. Im Spanischkurs, im Café, beim Tanzen und bei Gruppenreisen kannst du auch Frauen kennenlernen. Und überhaupt: Genieße dein Singledasein. Es gibt nichts Anziehenderes als einen Mann, der einen gar nicht braucht.

Die zwölf Goldenen Regeln für Frauen

1. **Macht euch so attraktiv wie möglich!** iPhone-vorm-Badezimmerspiegel-Fotos sind auch bei euch die Regel – und genauso dämlich. Name, Foto, Text – es macht keinen Sinn, das hinzuhudeln, nur weil ihr auch ohne jede Mühe viele Zuschriften bekommt. Die stupiden Männer schreiben immer, das stimmt. Aber ihr wollt doch die Fünf-Sterne-Männer! Und die machen sehr wohl Unterschiede. Und dann wundert ihr euch und jammert, dass nur Neandertaler schreiben? Denkt an eine große Party eines guten Freundes. Da würdet ihr auch nicht ungeschminkt, ungewaschen und im Jogginganzug auflaufen.

2. **Verstellt euch nicht!** Das ist nun wirklich völlig überflüssig. Sogar eine wie Kerstin findet noch ihren Prinzen. Wenn ihr also eine riesige Kuschelhundsammlung habt oder für David Hasselhoff schwärmt oder für albanische Countertenöre oder für Curling – egal, ihr könnt das alles schreiben! Dann meldet sich genau der Countertenor-Curlingmeister aus dem Kosovo, der aussieht wie eine Mischung aus David Hasselhoff und eurem Lieblingskuschelhund. Und ihr seid den Rest eures Lebens glücklich und zufrieden.

3. **Seid fröhlich!** Ihr glaubt gar nicht, wie griesgrämig eure Negativlisten wirken: *Alle, die schnellen Sex wollen, bitte weiterklicken! Auf Anschreiben wie »hey, wie gehts?« kann ich ebenfalls verzichten. Und bitte, bitte keine Männer mit Altlasten, Glatze, Bauch oder unter 1,80 …* Wisst ihr was? In der Disco glotzen euch auch Männer an, die nicht aussehen wie Brad Pitt. Und auf einer Party muss man sich auch mal mit einem Langweiler unterhalten. Die Copy&Paste-Fraktion wird euch ohnehin anschreiben, die lesen keine Profiltexte. Stattdessen vergrault ihr

die interessanten Männer, die keine Lust auf Zicken haben. Erzählt lieber, was toll an euch ist und was ihr Tolles mit eurem Partner erleben wollt. Von welchen Reisen ihr träumt. Strandübernachtung auf Kreta. Mit dem VW-Bus durch Norwegen. Mit dem Fahrrad nach Venedig. Macht ihm den Mund wässrig!

4. **Nehmt es leicht!** Ja, nehmt alles nicht zu ernst. »Ich bin nicht zum Spielen hier«, schrieb eine Frau in ihrem Profiltext (genauer: das war ihr Profiltext). Ja, wenn nicht zum Spielen, wozu denn dann? Fängt man ein Partygespräch mit einer Diskussion über die Aufteilung der Hausarbeiten beim späteren Zusammenziehen an? Nein, man scherzt, lacht und albert herum! Und wenn mal ein doofes Anschreiben kommt – einfach weiterklicken. Etwas weniger Prinzessin auf der Erbse steht euch gut.

5. **Versteht Ironie – auch ohne Smileys!** Ich hab's überprüft: Praktisch in jedem Frauenprofil in Deutschland steht, dass ihr einen »humorvollen Mann« wünscht. Mein Freund wurde aber für jeden kleinen Spaß, den er nicht mit einem Smiley versah, umgehend gesperrt. Mit großer Geste: *Ich lasse mich hier nicht beleidigen!* So was ist doch echt peinlich. Wer Humor möchte, muss auch so intelligent sein, ihn zu erkennen und zu verstehen.

6. **Werdet wie Kobold!** Seid doch zur Abwechslung selbst mal lustig, geistreich, ironisch und gebildet, statt das nur von den Männern zu verlangen. Ich verspreche euch: Dann wird sich eine echte Positivauswahl von Männern melden – und sich richtig viel Mühe geben. Vor allem, wenn ihr den Trick mit dem Fragenkatalog übernehmt. Ich verzichte ausnahmsweise auf das Copyright.

7. **Nehmt euch Zeit!** Die große Liebe fällt einem nicht in den Schoß. Kobold musste sehr viel lesen. Aber dadurch hat

sie die Kandidaten auch verdammt gut kennengelernt. Wer hat gesagt, dass man im Internet die Liebe mit nur drei Klicks findet? Chattet in Ruhe mit den interessantesten Männern, ehe ihr sie trefft. Dabei könnt ihr viel über sie erfahren – und das ist intimer, spannender und aussagekräftiger, als jedes Gespräch in der Eisdiele oder beim Italiener je sein wird.

8. **Seid weniger oberflächlich!** Liebe kann so vieles sein: körperliche Leidenschaft, spielerisches Herumalbern, Seelenverwandtschaft, Familie gründen und Alltag meistern – schlimm genug, dass wir wohl niemanden finden werden, mit dem alles hinhaut. Und schwer genug, sich darüber klarzuwerden, worauf wir am ehesten verzichten können. Da ist es schon einfacher, sich Äußerlichkeiten zusammenzustellen: jung, schön, schlank, groß, vollhaarig, athletisch, reich und gebildet … Ist euch mal aufgefallen, dass schöne Männer oft langweilig sind? Sortiert nicht zu schnell aus, ihr verpasst das Beste.

9. **Klärt die armen Männer auf!** Es reicht doch schon, mal zu erwähnen, dass ihr parallel mit zehn anderen Männern chatten müsst, weil euch 60 angeschrieben haben … meinetwegen auch mit Smiley ;-). Das ist nicht kränkend, sondern genau die Information, die den Männern fehlt, um die Situation richtig einzuordnen. Dann verstehen sie auch, warum es immer so wahnsinnig lange dauert, bis eine Antwort von euch kommt, und warum ihr nicht sofort telefonieren und euch verabreden wollt. Macht euch klar: Männer werden normalerweise wenig bis gar nicht angeschrieben, sie kennen eure Situation nicht und können sie sich nicht vorstellen.

10. **Erteilt ehrliche Absagen!** Sagt es den Typen, wenn sie euch nicht interessieren und ihr nicht chatten, nicht telefonieren

und sie auch nicht treffen wollt. Männer brauchen Klarheit. Und in der Regel sind sie viel pragmatischer als wir. Sie haken es ab – und jagen woanders weiter. Wenn nicht, könnt ihr sie immer noch sperren.

11. **Seid höflich!** Ich erinnere mich an eine Szene mit Kobold: Ein Mann hatte ihr einen mehrere Seiten langen Antwortkatalog geschickt, und sie hatte nur geantwortet: »Das ist alles ganz süß, aber ich fürchte, du bist nicht ganz mein Typ ... dir noch viel Glück hier!« Worauf er antwortete: »Ist nicht schlimm, kann ja mal vorkommen. Dir auch viel Glück!« Ich war baff. Das war sportlich. Und ich glaube: Wenn alle Männer zumindest höfliche Absagen bekämen, gäbe es 98 % weniger Verbitterung im Netz. Was den Männern den Tag vergällt, ist, dass sie überhaupt keine Antwort bekommmen, als ob sie nicht mal existierten.

12. **Erzählt von euren Dating-Erfolgen!** Jedes dritte Paar lernt sich mittlerweile im Netz kennen. Aber alle tun immer noch so, als hätten sie sich bei Aldi getroffen. Das muss aufhören. Schämt euch nicht! Internetdating ist cool, romantisch und extrem aussichtsreich, wenn man es nur richtig anstellt.

8.

Keine Herzen brechen: Die Ethik des Fakens

Ja, ich weiß: Es ist gemein, Fakeprofile in Singlebörsen zu stellen und Männern zu schreiben, die das ernst nehmen. Es ist aber auch ein Riesenspaß. Und damit mich mein schlechtes Gewissen nicht allzu sehr belastete, habe ich mich eisern an folgende Regeln gehalten:

1. Ich habe niemals einen Mann von mir aus angeschrieben. Ich habe höchstens in deren Profilen gestöbert, was den Männern dann angezeigt wird. Und viele brauchen anscheinend dieses Zeichen, um sich zu melden. Warum, weiß ich auch nicht.

2. Ich habe alle Profile so gestaltet, dass sich eigentlich kein Mann wünschen konnte, mit einer solchen Zicke, Emanze, Klette, Sportmaschine, Spießerin, Esoterikschnepfe oder Langweilerin zusammen zu sein. Und ich habe alle so sehr karikiert, dass man eigentlich hätte merken müssen, dass da etwas nicht stimmt.

3. Ich habe keinem Mann Komplimente, Hoffnungen oder Versprechungen gemacht. Ich habe nie ein Treffen vorgeschlagen und mich nie getroffen. Ich habe in den Dialogen fast nur Fragen gestellt. Und oft so unhöflich, dass es schon ein Wunder war, dass die Männer überhaupt geantwortet haben.

4. Besonders anhänglichen Männern habe ich immer gesagt, dass ich noch mit vielen anderen parallel chatte, damit sie sich keine großen Hoffnungen machten. Die besonders hübschen Frauen habe ich sehr zickig und unsympathisch auftreten lassen, um die Männer möglichst schnell zu vergraulen.

5. Ich habe mich von allen Männern, mit denen ich gechattet habe, förmlich verabschiedet, sofern sie ihre Profile noch nicht gelöscht hatten. Ich habe erzählt, ich hätte jemand anderes gefunden, ich habe mich für den Kontakt bedankt und ihnen viel Glück bei der weiteren Suche gewünscht. Das scheint nicht üblich zu sein, denn die meisten haben sich überschwenglich dafür bedankt und mir ebenfalls alles Gute gewünscht.

6. Ich habe vielen Männern Tipps gegeben und erklärt, wie es wirkt, wenn Männer sich *Knuddelbärli* oder *Rülpskoffer* nennen, verpixelte Rote-Augen-Party-Bier-Fotos hochladen und Standardanschreiben benutzen. Viele haben sich dafür bedankt – und bessere Fotos hochgeladen.

7. Ich habe im Kapitel über Profilnamen nur Originalnamen verwendet, weil sie im Netz ja auch öffentlich und für jeden einsehbar sind. Sobald es darum geht, was diese Männer geschrieben haben, habe ich die Profilnamen natürlich verändert. Und zwar nicht von *bauegon71* auf *bauegon72*, sondern auf *geruestheinzHH*, damit der Charakter erhalten bleibt, aber niemand die Person erkennen kann. Ich muss dazu sagen, dass es allein in Deutschland 80 Millionen Datingprofile gibt, in Tausenden von Flirtportalen. Und irgendwo da draußen gibt es bestimmt auch *geruestheinzHH*. DU BIST NICHT GEMEINT!

Danksagung

Ich danke allen Männern, die *Gänseblume46* und *kobold38* geschrieben haben. Viele von euch haben mich schwer beeindruckt und hätten eine tolle Frau verdient. Ich danke der *Arrowsmith Agency* für ihren vehementen Einsatz für dieses Buch. Ich danke dem großartigen Team von Droemer, das mich in jeder denkbaren Hinsicht unterstützt hat. Ich danke meiner Schwester dafür, dass sie mich überredet hat, mich in diesem Flirtforum anzumelden. Ich danke dem Café David für die angenehme Arbeitsatmosphäre und das kostenfreie Wlan. Und ich danke dem Schicksal dafür, in diesem Flirtforum der Liebe meines Lebens begegnet zu sein.

Bildnachweis

Fotos: amaryllis26
Grafiken: Computerkartographie Carrle

Markus Schrickel · Fabian Schlötel
Kai Strehler · Caroline Stuckhardt

GLAUBST DU AN LIEBE AUF DEN ERSTEN BLICK ODER SOLL ICH NOCH MAL VORBEIKOMMEN?

Das Beste aus spotted.de

Du bist zu schüchtern, um den heißen Flirt in der Unibibliothek oder an der Käsetheke anzusprechen? Du hast den richtigen Moment verpasst, SIE oder IHN von deinen unglaublichen Bauchmuskeln zu überzeugen? Dafür gibt es jetzt eine Lösung: spotted.de! Tausende Fans werden hier täglich Zeuge, wie verzweifelte Liebeskranke versuchen, die Liebe ihres Lebens online wiederzufinden – die ultimative zweite Chance für alle, die auf der Suche sind.

»Ich habe euch alle am Samstag auf dem Nachtflohmarkt gesehen – nur hübsche Frauen! Wenn sich irgendeine zwischen 24 und 33 angesprochen fühlt, möge sie sich melden! Ich wohne zum Glück in Osnabrück, Platz ist genug für euch alle.«

Oliver Stöwing

DANN ZEIGTE ER MIR SEINE SCHLUMPFSAMMLUNG

Die kuriosesten Dating-Desaster

Was haben ein akuter Allergieschock, Instagram-Liveübertragungen und ein Nebenjob als Pornodarsteller gemeinsam? Richtig, sie sind eher ungünstige Voraussetzungen für ein perfektes erstes Date. Oliver Stöwing hat die unglaublichsten Geschichten von Horror-Verabredungen gesammelt und erklärt, wie es trotz toter Fische im Aquarium und Gummibärchen-Fetisch doch noch zu einem Happy End kommen kann. Vor allem kann man sich nach der Lektüre sicher sein: Schlimmer geht's immer!

SVEN KUDSZUS

ANIMATEUR INKLUSIVE

Ein Bericht von der Urlaubsfront

Was der deutsche Tourist zwischen Lloret de Mar und Antalya so treibt, ist wohl an Peinlichkeit nicht zu überbieten. Warum braucht man um 11 Uhr vormittags schon einen »Tequila Sunrise«? Wieso scheinen es alle lustig zu finden, zu »Fiesta Mexicana« auf dem Tisch zu tanzen – obwohl man sich in der Türkei befindet? Und warum wollen ausgerechnet immer diejenigen mit dem dicksten Bauch und der engsten Badehose Beachvolleyball spielen?

Sven Kudszus, seit über zehn Jahren Club-Animateur, berichtet von halsbrecherischen Pool-Tänzen, siffigen Unterkünften, Bühnenshows der nackten Tatsachen und von Touristinnen, die zu Sex-Erpresserinnen werden.

Urlaubslektüre mit Fremdschäm-Garantie!